湛庐CHEERS

与最聪明的人共同进化

HERE COMES EVERYBODY

THE TEENAGE BRAIN

宾夕法尼亚大学神经学系主任

青少年大脑研究权威

弗朗西斯·詹森

Frances E. Jensen, MD

THE TEENAGE BRAIN

从痴迷于艺术，到痴迷于大脑

詹森出生于医学世家。她的父亲毕业于英国伦敦的一所医学院，第二次世界大战后移民美国，对纽约并不了解的他无意中选择了艺术家汇聚的小镇格林威治安家立业。

詹森从小非常擅长视觉思维，在周围环境的熏陶下，她十分喜爱绘画，甚至考虑过就读艺术类学校。然而在格林威治学院读九年级时，一堂解剖胎猪的生物课将她引上了截然不同的道路。许多同学一听到“解剖”二字便瘫坐在椅子上，一些女生直奔厕所，狂吐不止；詹森却发觉自己爱上了这种探索人体三维结构的学科。当时，各种脑成像技术尚未出现，神经学要求研究者具备高超的视觉空间想象能力。再加上父亲的熏陶，詹森对数学和科学一向很感兴趣。在她眼中，神经科学正是能够发挥自己潜力的完美专业。

THE

TEENAGE

BRAIN

见证大脑可塑性，确立研究方向

高中毕业后，詹森考入史密斯学院。业余时间里，她还时常去当地的特殊教育机构做志愿者，帮助照料那些智力发育迟滞或有其他发展障碍的儿童。在这一过程中，詹森发现，如果环境刺激足够丰富，那么即使是智力发育迟滞的孩子，也能达到和同龄的正常孩子相差无几的水平。从此，詹森对神经可塑性产生了浓厚的兴趣。大四那年，她跟随马萨诸塞大学安姆斯特分校的尼科·斯皮内利（Nico Spinelli）教授研究小猫的视觉皮层可塑性，这项工作最终由二人联名发表在《科学》上。

之后，詹森来到康奈尔大学医学院深造，并在暑假期间在波士顿儿童医院担任研究助理。毕业后，她和丈夫一起在哈佛大学医学院担任住院医师。2007年，詹森获得了全美医学研究院颁发的先锋奖。2012年，詹森本有机会成为神经科学学会（Society for Neuroscience）的会长，但她最终选择了宾夕法尼亚大学，那里有着全美历史最悠久的神经学系，詹森担任了该系的系主任。

THE TEENAGE BRAIN

探索青少年大脑，以科学造福未来

在学术研究中顺风顺水的詹森却在生活中面临着新的挑战：离婚后，她要独自拉扯两个刚刚步入青春期的儿子。作为一名神经科学家，她决定发挥特长，看一看儿子的大脑中究竟发生了什么。这本是一位母亲的私人研究，但詹森认识到，她所得出的成果具有更普遍的意义。很快，从儿子所在的中学开始，詹森在全美各地举办了讲座，向家长、老师和青少年自己讲授关于青少年大脑的科研成果，并提出了很多简单有效的方法，如建议学校推迟早上开始上课的时间等。十几年后，不仅詹森的两个儿子都已顺利长大成人，她还通过各类讲座、媒体宣传以及与家长的通信帮助了无数遭遇困境的青少年。

从 2008 年开始，作为青少年大脑研究领域的专家，詹森应邀在几起青少年犯罪案件的上诉中陈述意见。基于神经科学的研究结果，她提出青少年的大脑尚未发育完全，而且未来发生改变的可能性更大，因此不应遭受永久性的惩罚。在她的努力下，美国最高法院最终裁定，对犯案时未满 18 周岁的青少年不得做出终身监禁且不得假释的判决。这次神经科学在法庭之上取得的胜利，改变了诸多青少年的未来。

THE TEENAGE BRAIN

A Neuroscientist's Survival Guide to Raising Adolescents and Young Adults

青春期的烦"脑"

【美】弗朗西斯·詹森（Frances E. Jensen，MD）
艾米·艾利斯·纳特（Amy Ellis Nutt）◎著　王佳艺◎译

北京联合出版公司
Beijing United Publishing Co.,Ltd.

THE

TEENAGE

BRAIN

谨以本书献给我的两个儿子，安德鲁和威尔。看着他们冲过青春期的艰难险阻、长大成人，是我人生的一大乐事。在这一关键发展期帮助和引领孩子们是我人生中最重要的职责之一。我们相伴而行，互相学习，于是便有了这本书。我希望能够从中获益的不仅是家长和老师，而且还有青少年自己。

A NEUROSCIENTIST'S SURVIVAL GUIDE
TO RAISING ADOLESCENTS AND YOUNG ADULTS

中文版序

詹森博士答中国家长问

青春期是孩子一个特殊而重要的发展阶段，成长路上充满了各种各样的陷阱与挑战。适逢《青春期的烦“脑”》简体中文版出版之际，湛庐文化精心收集了来自中国家长的代表性问题，八问詹森博士，为青少年的家长们答疑解惑。

Q：**孩子较为内向寡言，即将面临中考，心理有一定压力，有时候会出现焦虑、暴躁、考试过于紧张等表现，这种状况应该怎么办？**

A：因为青少年本身就对压力和情绪性反应更敏感，他们有时会变得非常紧张。同时，因为具有计划和执行控制机能的额叶尚未连接完全，恰当地安排自己的学习并准备考试对青少年来说是个挑战，成绩落后也是有可能的。作为家长，你应该跟他讲道理，告诉他考试仅仅是考试而已，要用平常心来看待。你的额叶已经发育完全了，所以你可以用自己的额叶来帮助孩子，给他树立一个榜样，教会他如何合理安排学习和生活。

Q：**孩子沉迷于网络游戏，产生网瘾，怎样从根源上解决？国内很多网瘾矫正机构通过暴力和拘禁管理青少年，这种方法有效吗？**

A：青少年比成人学习速度更快，因为他们的突触具备更高的“可塑性”。成瘾实际上也是一种学习，所以青少年会比成人更快速地成瘾。不论是药物成瘾、物质滥用或者对某种活动（比如网络游戏）成瘾，成瘾的机制都是相同的。**引导青少年去参与其他活动，要比单纯的消极方法有效得多。**因为青少年确实难以控制成瘾的过程，这也并不是他们自己愿意的，所以像惩罚罪行一样惩罚他们是没有用的。这样做很不好。

Q：**为什么孩子热衷玩手机，家长总是难以阻止？**

A：和前面说的问题一样，这是一种成瘾，但同时也是一种青少年迫切渴望获得同伴认可所带来的症状。因为青少年大脑中负责情绪和奖赏的区域比成人更加活跃，所以对他们来说，同伴压力具有很大的影响力。

Q：**孩子比较敏感，不愿意与人有过多交流，几乎没有特别知心的朋友；家长很担心他今后的沟通能力和人际交往能力。这类型的孩子该如何调整？**

A：别把你的孩子当作“外星人”。多多参与社交场合，在社交情景中多多练习，就能帮助孩子们学会如何更好地交流。记住，他们对情绪很敏感，但同时他们的学习能力也很强，所以你可以明确地教导他们在社交场合应该如何表现。

Q：**孩子进入青春期之后，有厌学倾向，注意力难以集中，学习成绩下降，这是能力上的学习障碍还是心理上的问题？家长应该怎样干预？**

A：额叶是负责提供理性推理和平衡情绪的脑区。在青少年的大脑中，负责情绪反应的区域比额叶更活跃、连接更充分，所以他们对压力和情绪性刺激会非常敏感。在缺少额叶输入信号的情况下，青少年就会对压力“反应过度”，他们对压力的反应确实要比成人高一个等级。然而，青春期同时也是心理疾病（如抑郁或精神病）开始发作的时期。如果孩子和从前相比变化非常大、不再和朋友们一起玩、衣冠不整、不会照顾自己，并且总说自己抑郁或不高兴，那就有可能是抑郁症的先兆。抑郁症可不是闹着玩儿的，越早确诊，治疗起来效果才越好。因此在这种情况下，我建议最好同孩子的老师和医生谈一谈，让他们筛查一下心理疾病的可能性。

Q：遇到困难，情绪低迷，容易陷入抑郁，是青少年阶段独有的特点吗？

A：如上所说，如果你的孩子真的亲口说自己抑郁了，这就意味着你绝对应该带他去看医生，由医生判断他是否需要抑郁症的诊断或治疗。在人群中，每 4 个人就有 1 个患有心理疾病，而且患有重度心理疾病（如抑郁症或精神分裂症）的人有 75% 都是在 26 岁之前开始发病的。

Q：我们发现孩子有时候偷看有关于两性内容的书或视频，这是正常的青春期反应吗？作为家长，该以怎样的态度面对？

A：青少年都喜欢新奇的东西，这是正常发育过程的一部分。应当注意的主要问题是他们喜欢冒险的倾向。就家长而言，对这件事的适当反应应该是对孩子们进行安全性教育，把性行为的风险告诉他们。

Q：中年家长与青春期孩子之间互不理解，价值观不同，频发“战争”，怎样才能有效地相互沟通？

A：看过本书你就能理解：青少年进行的很多让成人感到无力的行为，其实只是正常大脑发育的一部分。退一步思考，利用书中的知识重新看待你的孩子，**不要把他们当成“外星人”**。遇到任何事情，先从 1 数到 10 再反应。体会孩子的情绪，必要时为他们提供“额叶的帮助”。他们比自己所想的更需要你，所以，要有耐心。

目录

THE TEENAGE BRAIN

我 14 岁大的时候，觉得父亲一无所知，他在我身边时我简直难以忍受。但当我 21 岁时，我惊讶地发现他在这 7 年里竟然学会了这么多。

——马克·吐温

我希望 16 岁和 23 岁之间并没有别的年龄，否则这整段时间里就让青春在睡梦中度了过去吧；因为在这中间所发生的事，不过是叫姑娘们养起孩子来，对长辈任意侮辱，偷东西，打架。

——《冬天的故事》，莎士比亚

A NEUROSCIENTIST'S SURVIVAL GUIDE TO RAISING ADOLESCENTS AND YOUNG ADULTS

引言

让人抓狂的青少年

他到底是怎么想的?

我的大儿子长得很帅气。一天，他去朋友家玩。但我万万没有想到，儿子回来时，他那一头红褐色的漂亮头发愣是被染成了黑色。我内心一阵慌乱，却什么也没说。

“我还想做挑染，弄几缕红色的头发。”他若无其事地说。

这下我彻底无语了。眼前的这个愣头青真是我的孩子吗? 那一年，安德鲁 15 岁，在马萨诸塞州一所私立高中读十年级。虽然我试图理解他的各种奇怪行为，但安德鲁这一年来的变化实在太大，我都有点不认识他了。身为一名科研工作者，我在哈佛大学医学院（Harvard Medical School）从事神经学研究，同时在波士顿儿童医院（Boston Children's Hospital）开展临床治疗。我离婚了，一个人拉扯两个十来岁大的儿子。工作让我无法时常陪伴在孩子身边，略感愧疚的我下决心尽力做个好妈妈，毕竟我一直在研究大脑发育，孩子的头脑和我的专业息息相关。

我的大儿子原来挺乖巧、挺让人省心的，但他现在决意改变自己，成了一个让我有些看不懂的孩子。我猜不透他心里到底是怎么想的。安德鲁原本在一所校风很传统的中学读初中，那里的学生着装比较正式。他现在就读的高中在各方面都非常前卫，学生的穿着打扮很另类。安德鲁最好的朋友把自己的头发染成了蓝色，还搞了一个冲天炮发型——该校校风由此可见一斑。这是我必须直面的问题。

我深吸一口气，平复了一下心情。我知道，这时候对他发火只会让他心生抵触，这对谁都没有好处。至少他还愿意告诉我他想干什么。我意识到这是一个介入的好机会，于是抓住了它。

“与其让廉价的染发剂损伤你的发质，不如让我的发型师帮你做挑染吧，你看怎么样？”我向儿子提出建议，告诉他我愿意为他埋单。安德鲁欣然同意。我的发型师自己就是一个朋克摇滚迷，所以在为安德鲁挑染头发的时候很用心。这次染发的效果实在是太好了，以至于儿子的女友也想把自己的头发染成那个样子。不过，她是自己动手的，效果可想而知。

我儿子的这段成长经历并不平坦。现在回想起来，我才意识到，它颠覆了我对儿子的许多固有认识。（我没看错吧，他屋里好像有一坨看起来像堆肥的东西，难道这是他换下来的脏衣服？）安德鲁似乎被困在一个介于儿童和成人之间的发展阶段。虽然他依然很难控制自己多变的情绪和冲动的行为，但无论在生理上还是心理上，他都更像大人，而非孩子了。他不停地寻找自我，尝试不同的穿衣风格和发型便是该过程不可或缺的一部分。我是一个以神经学研究为专业的母亲，自以为对孩子头脑里发生的一切了如指掌。显然，我错了。我连孩子的头发会变成什么样都无法预测！所以，作为母亲和科学家，我下决心找出这些谜题的答案。我不得不这么做。

那时候，我工作中的研究对象主要是婴儿的大脑。我还掌管着一个实验室，其研究课题主要是癫痫和大脑发育。此外，我还在做转化神经科学研究，希望能把基础研究成果尽速转化成可以用来医治脑疾病的临床疗法。突然间，我发现了新的研究对象，那就是我的两个儿子。我的小儿子威尔只比安德鲁小两岁，不知道他再长几岁又会出什么状况。我觉得自己准备得很不充分。安德鲁几乎是在一夜之间变得好像换了个人似的。我知道，他骨子里还是那个聪明懂事的好孩子。所以，我更需要搞清楚到底发生了什么。不让人省心的青少年看起来就像外星人一样。为了摸清他们的底细，我一头扎进相关研究文献中，希望这些知识能帮助我和孩子们平稳度过这段不平静的发育期，能让孩子们更顺利地长大成人。

有关青少年的脑科学研究是近十年才慢慢受到重视的。神经学和神经心理学以往主要研究人生的两端：一头自然是婴幼儿，一些有关婴幼儿大脑发育的课题，如学习障碍和早期环境丰富化，吸引了大量研究资金投入其中；另一头则是老人，像阿尔茨海默病这类老年神经疾病也是研究热门。仅仅数年前，科学家在青少年脑科学研究上投入的财力和人力还比较少，研究成果自然也不多。我们曾错误地认为，孩子在进入幼儿园时，其大脑发育就已经完成得差不多了。所以，在过去二十多年里，许多家长都希望自己的孩子能在智力发育的赛跑中抢先出发。他们买了许多像《小小爱因斯坦》(*Baby Einstein*)和《小小莫扎特发现套装》(*Baby Mozart Discovery Kits*)这样的智力开发工具，给孩子开小灶。至于青少年的头脑，大多数人则认为，它应该和成人的头脑很相似，只是还差点火候。

但这种看法是错误的，而且大错特错。关于青少年的大脑和行为，社会上还流传着很多根深蒂固的错误认识：他们之所以冲动和情绪化，是因为大量激素在其体内涌动；他们之所以叛逆、不听话，是因为这些孩子想把自己变成刺儿头，想让自己显得与众不同；青少年偶尔偷偷喝点酒，哪怕是喝得酩酊大醉也没关系，因为他们的大脑很容易恢复，喝酒不会造成任何永久性损伤。还有不少人觉得，人的智力和才华（以及偏文还是偏理的倾向）在青少年时期就固定下来了，以后永远都不会改变。

这些认识都是错的。青少年的大脑处于一个非常特殊的发育阶段。读完本书后，大家就会发现，在这个阶段，青少年有其独特的不足之处，但也有强于成人的地方，而这些长处恰恰是我们应该充分利用的。

有关青少年大脑发育的研究刚刚起步。这方面的文献看得越多，我就越是觉得，把成人的神经生物学理论硬套在青少年身上是不可取的。我发现，无论是机能、大脑结构之间的连接性，还是具体能力，成人和青少年的大脑都存在显著差异。但大多数家长，至少是那些没有神经科学专业背景的家长并不了解这些科学新发现。许多家长、监护人和老师被孩子搞得晕头转向。和我一样，他们被气坏了，并感到困惑、受挫。最需要了解相关科研成果的正是他们。

THE TEENAGE BRAIN 青春期的故事

我的小儿子威尔 16 岁时拿到了驾照。他以前很少让我操心，但这很快就成为历史。拿到驾照数周后，威尔开始驾车上学。他有一辆 1994 年版的道奇无畏，这辆车虽然有些旧，但却很大、很安全。一切看起来似乎还不错。一天早上，他和往常一样，于 7 点 30 分开车离家，打算在 7 点 55 分前赶到学校上课。7 点 45 分，我刚要出门时，威尔突然打电话说:“妈，我人没事，但车报废了。”谢天谢地，他至少还知道先打个电话给我报平安，但脑海中浮现的车祸景象还是把我吓出了一身冷汗。“我马上就到。”挂了电话，我立刻驱车赶往威尔的学校。几辆警车闪着警灯，停在学校门口。到底发生了什么？原来，在把车开进学校前，威尔需要左拐，穿过对向车道的车流。他以为自己能够找到空隙钻过去。谁知一辆外形彪悍的福特 F-150 皮卡疾驰而来，事故就这样发生了。驾驶这辆皮卡的是一个 23 岁的建筑工人，他正赶着去上班，才不会像我这种当妈的，急踩刹车，给没规矩的毛头小子让路。幸好，1994 年生产的安全气囊在 12 年后没有失灵。

威尔窘窘地杵在校门口，身边是那辆彻底报废的道奇车。老师和同学不停地从一旁经过。把自己的糗事暴露在全校师生面前一定让威尔感到十分难堪。对他来说，这次事故算得上是一个沉痛的教训。在这场路权争夺战中，我的儿子和那个开福特的小伙子都毫发无伤，真是谢天谢地！

他到底是怎么想的？我脑中条件反射似地闪现出这个问题。

但我很快就反应过来：天哪，我脑子里怎么又冒出了这个念头。

不过，这次我很快就平静下来。我已经了解了很多相关知识。我知道，和安德鲁以及其他青少年一样，威尔的大脑尚未发育完全。当然，他已经不是小孩了，但他的大脑还在发育、变化和成长。安德鲁的巨变让我夜不能寐，我不得不重新审视自己对青少年头脑的认识。这时我才意识到，关键问题不是他们的头脑已经拥有哪些机能，而是还缺少哪些机能。

青少年的大脑是个了不起的人体器官。我们稍后就会看到，它能产生巨大的刺激，学习能力也相当惊人。格兰维尔·霍尔（Granville Stanley Hall）是儿童研究运动的发起人。1904 年，他在描述青少年的朝气蓬勃时写道：

这是人生最好的十年[1①]。对于大人实施的各种最佳教育举措，这个年龄段的孩子反应最快。在这片心灵土壤中，只要是种子，无论好坏，都能深深扎根、繁茂生长，并迅速结出硕果。

① 本书中的参考文献均以数字上标的形式标注。读者可扫描第 220 页的二维码，下载查阅对应的参考文献列表。——编者注

霍尔乐观地看待青少年时期，认为这是“想象力的诞生地”[2]。不过他也认识到，这一令人兴奋的发育期同样充满着各种危险，如冲动、冒险、情绪大幅波动、缺乏远见以及缺少判断力。但霍尔无法预见到，在今天的社交媒体和互联网环境中，青少年能够接触到的危险急剧增加。我耳闻过许多青少年的疯狂举动，这些故事来自我的朋友、同事，以及来听我讲座的家长和年轻人。让我挑几个给大家讲一讲：一个女孩偷偷开着父亲的摩托车出去兜风，结果一头撞在路边围栏上；一些孩子玩时髦的“仆街”游戏，他们面部朝下，将身体两端架在一些危险的地方，如阳台栏杆上，并尽力挺直身体，让自己看起来像一块木板，然后请朋友拍照上传；还有更可怕的，一些孩子请自己的眼睛喝伏特加，他们打开瓶盖，将瓶口对准自己的眼睛，然后仰起脖子，让眼球浸没在浓浓的伏特加里，以此来寻求刺激；更有甚者，为了通过兼职工作的入职体检，一些抽了大麻的孩子竟然喝下稀释的漂白剂，以为这样就能消除尿液中的大麻成分。

环境会对青少年的大脑持续产生生理影响。即便他们长到二十几岁，这种影响都不会结束。所以青少年时期是一个喜忧参半的成长阶段。无论和儿童相比，还是和成人相比，青少年的大脑机能以及大脑对外界的反应模式都有所不同。这与他们经常表现出来的冲动、不理性和执迷不悟大有关系。

我们对青少年的了解并不彻底，这部分归咎于成年人，因为我们给年轻人发出的信号相互矛盾。男孩发育后长出了胡子，女孩发育后胸部渐渐隆起。大人们想当然地认为，体貌和成人差不多的青少年也应该具备和成人一样的行为能力，所以也就顺理成章地把他们当作成人来对待。二十不到的青年可以参军打仗，可以不经父母同意结婚，在一些地方，他们甚至可以参选。近年来，在美国纽约州、宾夕法尼亚州、艾奥瓦州、密歇根州和俄勒冈州，至少有七位二十不到的孩子被选为小镇的镇长。法律也把这一年龄段的年轻人视为成人，特别是在他们因为暴力犯罪遭到指控，并接受成人刑事法庭审判的时候。但也有不少时候，我们依然把青少年当作孩子，至少觉得他们不像成熟的大人那样，具备完全的行为能力。

我们就是这样发出矛盾信号的，对此应该作何解释？我们能不能搞清楚这么做的原因？

对青少年该不该承担法律责任，
历史上曾有过诸多争议。
扫码回顾青少年法庭的发展史。

过去几年里，我在全美各地举办讲座。听众里既有家长、青少年，也有医生、研究者和心理治疗师。我希望将相关研究的最新成果介绍给大家，让听众明白青少年的头脑具备哪些优势和风险。听过我讲座的许多家长、老师，甚至还有青少年，都希望我能以此为主题写一本书。他们向我提出许多问题，和我分享了许多他们自己的故事，同时也希望了解如何帮助孩子或自己度过这个令人困惑的人生阶段。

我抚养了两个儿子，这段亲身经历让我懂得，青少年并不是什么外星物种，他们只是没有被充分了解。的确，他们既不同于儿童，也不同于成人，但这些差异是由一些重要的生理和神经学原因造成的。本书将告诉大家，青少年的头脑为何既有独特优势，又有不为众人所知的脆弱之处。我希望本书能够成为旨在促进青少年头脑发育的使用手册或生存手册。我不仅希望成人能够更好地理解青少年，而且还希望家长能够获得一些可以帮助青少年成长的具体实践建议。这段人生旅程既让人兴奋，又充满风险，青少年很难单枪匹马安全过关，他们需要来自家长、监护人和老师的正确引导。这样的旅程我已经经历过两次。欣喜、困惑和受挫往往同时袭来。作为家长，我们要打起精神，迎接即将到来的急风暴雨。但大多数情况下，风雨会渐渐平息，家长和孩子将等来雨后的彩虹。其间发生的许多故事也将成为难忘的回忆！

差不多是在十年前，我意识到不能简单地把青少年当成长大了的少儿，不能沿用过去的教育方式来抚养他们。于是，我下决心直面问题，改进自己的教育方法。我记得安德鲁刚进高中时依旧很贪玩，即便考试就在眼前，他还是更关注体育比赛和舞会，把课本和作业晾在一边。身为科学家的我当然知道，学习是一个不断积累、循序渐进的过程，所以你需要不畏艰难，持之以恒。于是，我捧着一叠纸，走进安德鲁的卧室。我翻开他的课本，把所有章节匆匆过了一遍。我将一张纸对折，在一侧写上他需要解决的一个问题，在另一侧写上这个问题的答案。

安德鲁需要的只是一个榜样、一个模板和一个整齐的学习环境。这一举措成了他和我的转折点。安德鲁意识到，为了学习新知，他需要坐下来，安安静静地看书、做作业。他还认识到，趴在床上、把一堆东西摊在一旁不利于学习。为了营造整齐的学习环境，他端坐在书桌前，将卷笔刀和白纸放在面前，聚精会神地看书、做功课。他需要利用一些外部信号来帮助自己规划学习。我拥有成熟的计划能力，但当时的安德鲁还没有。渐渐地，他能够一连学上几个小时。我会时不时地观察他的学习状况。营造整齐且固定的良好学习环境同样有助于利用地点来加强学习效果。研究发现，回忆所学知识的最佳方法就是回到进行学习的地方。对安德鲁来说，这个地方就是他卧室里的那张书桌。

我们稍后会看到，青少年非常善于学习，他们的大脑适合掌握新知。所以，学习的方法和地点就变得非常重要。给孩子创造一个良好的学习环境，让他们安心做作业，每个家长应该都能办到。由于孩子回家后的主要任务是做功课，即便没有高学历，家长也能积极参与孩子的学习过程。你可以帮他校对已完成的作业，检查字词的拼写，或是确保桌椅的设计符合人体工程学。如果孩子非得改变自己的外表，就算你找不到合适的发型师为他做挑染，至少可以为他买来安全的染发剂。让青少年用这些无害的工具进行尝试，远远好过叛逆的他们因为父母的反对而陷入更为严重的麻烦。请不要捡了芝麻，丢了西瓜。青少年的健康成长离不开有益的尝试。我们的终极目标是，尽量不让这些尝试给他们的人生留下影响深远的副作用。我们要充分利用这段时期，挖掘孩子的潜力，并帮助他们克服身上的一些弱点。

在面对青少年的时候，我们不该嘲笑他们，不该动不动就拒绝、否定、批评他们，而是应该进行充分的换位思考。孩子们会碰到很多问题，我们总能找到可以帮助他们的情况：他们会忘带课本回家，会因为匆匆忙忙收拾书本，把重要的笔记弄皱，还会把家庭作业的具体内容搞错。有时候，或大多数时候，他们只是有些混乱，注意力不够集中，忽略了周遭一些事情的重要细节。所以，期望他们完全靠自己规划好时间、高效完成作业，多少有些不切实际。诚然，这个年龄段的孩子不太愿意接受家长的建议，但如果你不在他们身边，也不试图理解他们的想法，那么提出建议根本就无从谈起。要知道，孩子们其实也会因为自己的变化无常而感到困惑，他们也搞不清自己脑壳里那个布满褶子的重要器官是怎么运作的。只是孩子们不会把这些困扰告诉大人罢了。青少年很注重自我形象，不希望自己丢脸，而且不具备内省和自我批判的能力。

了解青少年的局限，并帮助他们渡过难关，这大概就是本书的主旨。希望各位在读完本书后，能做到既不被孩子们的行为惹恼，不对其感到困惑，又不会轻易缴械投降。我会尽力帮助大家了解青少年为什么会是这个样子。书中的许多内容会让你感到惊讶，因为很多人以为，青少年应该可以，或至少有能力控制自己的恼人行为，以为他们故意把自己变成刺儿头，或是故意心不在焉，惹人生气，把大人的话当耳旁风。其实，这些认识同样是错误的。

虽然各位在阅读本书时会经常感到意外，但我保证，在这段奇妙的探索之旅结束时，你能更好地理解青少年的各种怪异行为，因为你已深入了解了他们的头脑是如何工作的。我尽可能多地在书中插入刊载于真正的学术期刊上的真实数据，公众对这些数据知之甚少。更重要的是，青少年很尊重数据。所以，在和他们交谈的时候，你要尽力使用真实数据。我还在书里插入了许多能够直观展现数据的图表，并指出如何运用它们来说明青少年的优势和弱点。关于青少年的错误认识实在是太多了，我会对其中的不少看法逐一进行破解，并用全新的研究发现来武装大家。

为了让本书发挥更大的作用，我希望各位能牢记一点：**不管孩子们说了什么或做了什么，先不要发火，平复一下心情，从一数到十。**我在抚养孩子时恪守这条铁律。这么做的意义不只是通过深呼吸来安抚情绪。让我说得更详细一点。为了提高自己的管理技能，我曾参加过一些领导力培训课程。有一个主题总是被反复强调，那就是童子军格言“做好准备”。我了解到，美国公司高管准备一次会面所花费的时间平均只有两分钟，用来盘算在会面中说些什么、做些什么的时间很可能比用来安排会面所花费的时间还少。我所说的主要是一对一的会谈。大家很少事先认真思考对话内容，总是拍拍脑瓜就上场。起初，这一统计数据让我感到震惊。身为系主任和实验室负责人，我又仔细回想了一下自己平日里是如何与同事和研究生会谈的。没错，实际情况就是这样。每次会谈前，我不会花很多时间仔细计划或“预演”。但对一个组织的成功来说，这些更为直接的面对面交流恰恰是至关重要的。同样，你在这些会面中给他人留下的印象也会影响你的职业发展方向。所以，在会谈前进行计划和预演、推测对方可能做出什么反应是极为重要的，短短几分钟时间显然不够。你要在头脑中把自己想说的要点挨个儿过一遍，并努力猜测对方可能做出的各种反应。在面对青少年子女时也是一样。预测孩子的各种积极和消极反应能帮助你想清楚，该对他们说些什么、做些什么。如果你自己也头脑发热，思维混乱，那么无论对方是同事、下属，还是孩子，你的话都会成为耳旁风。

家长也好，老师也罢，对任何一个需要抚养或教育青少年的人来说，阅读本书既能长知识，又能长信心。青少年行为的改变部分取决于家长，你必须制定出符合家庭具体情况和需求的行动计划，并形成相应的行动风格。别忘了，你是成年人，而且如果子女未满 18 岁，你还将为他们的行为承担法律责任。法庭要求你对孩子，以及你为其提供的成长环境负责。所以，你要主动掌控局势，帮助他们进行理性思考，直到他们的头脑有能力完全接管这项工作。人脑最重要的部分位于额头正后方，也就是我们所说的额叶，我们用这一部分来权衡行为的后果，判断各种情况，进行决策。但这恰恰是人脑发育最迟缓的一部分。所以，在青少年的相关大脑结构发育成熟、各结构之间充分连接之前，你需要充当他们的额叶。

但我认为，对家长来说，最重要的还是持之以恒，保持参与力度。我很爱我的两个儿子。当他们成为青少年时，身为母亲的我不可能再用教育小孩子的方式，规定他们做这个做那个。他们人高马大，我已经无法抱起他们，把他们放到该去的地方。作为家长，我们很难再用强力来限制青少年的行动，最佳选择是提出有用的建议，给出合理的解释，并以身作则，为孩子们树立良好的榜样。如果你非要问，我的儿子让我懂得了什么，我的回答是：无论他们看起来有多么心不在焉，多么混乱，无论他们多少次忘记把作业带回家，孩子们总是在看我会怎么做，总是在观察他们的母亲以及周围的成人。我们回头再详细讨论这个话题。此时此刻，我只想告诉大家，我现在过得很好，我的孩子们也顺利度过了青春期：安德鲁于 2011 年 5 月完成了卫斯理安大学（Wesleyan University）的量子力学本硕连读课程，现在正在攻读医学和哲学博士学位；威尔于 2013 年毕业于哈佛大学，现在纽约一家管理咨询公司工作。没错，我和孩子们闯关成功，而且还收获了一大堆有趣的故事。

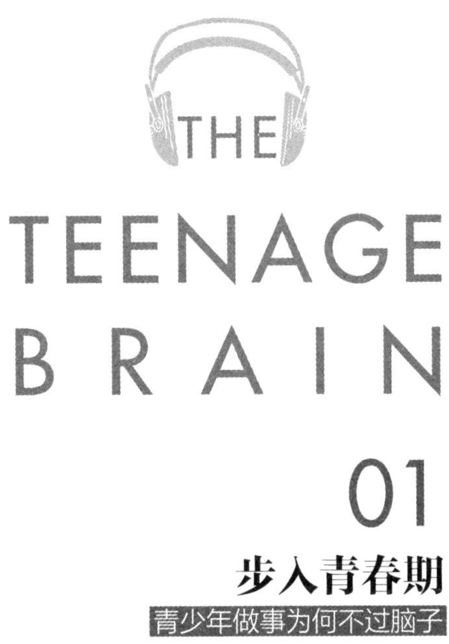

01 步入青春期

青少年做事为何不过脑子

2010年7月，我收到一封电子邮件。写信的是一位母亲，她的儿子19岁了，刚刚读完大学一年级。这位母亲听说我在马萨诸塞州康科德城为家长和教师开设了有关青少年大脑发育的讲座，便向我求救。我从这封信里读出了这位女士的各种情绪，从悲伤到困惑再到愤怒，应有尽有。她之所以如此煎熬，是因为觉得儿子的行为突然变得十分“怪异”。

“我儿子很容易发火，”这位母亲写道，“他给自己砌了一道无形的墙，把自己围在里面，不和别人说话。他晚上通宵，白天睡觉，连兴趣爱好都变了……他曾是个富有魅力、聪明、外向的好孩子，但这些日子，他很少露出笑脸。我拼命工作，抚养他，供他上好大学，但一切却变成了现在这个样子。”

这封信以一个简单的问题结尾：“我该如何帮助他？”

此类来信和来电是我写这本书的主要原因。9 个月后，我又收到了一封相似的电子邮件。向我求助的还是一位母亲，不过故事的主角换成了一个 18 岁大的女孩，她还在读高中。这位妈妈告诉我说，她女儿以前很懂事，但现在却由着自己的成绩一路下滑。她变得十分叛逆，还离家出走，最终被送入医院，接受抑郁症治疗。“这一年，我们过得很不容易。”母亲写道，“有时候，我觉得女儿被外星人给掉包了，她的言行实在是匪夷所思，好像彻底变成了另一个人。”

对于这些母亲的遭遇，我感同身受。我也曾觉得极其无助。那时的我刚刚离婚，大儿子安德鲁也刚刚步入青春期。我痛苦地意识到，孩子的现在和将来就得靠我这个当妈的了。一个人拉扯两个孩子极为不易，如果他们出了状况，我就算再抓狂，也只能一个人扛，因为我是个单亲妈妈，没人能帮我分担家长的责任。

其实，天底下当爹妈的只不过是为孩子开启几扇通向未来的门，然后轻推孩子，把他们送上发展正途而已。孩子还小的时候，做家长的可以按部就班地教导孩子：教他们什么是对的，什么是错的；告诉他们什么时候睡觉，什么时候起床；让他们懂得什么东西有危险，不能碰；让他们知道自己该去什么地方。孩子们会意识到上学很重要，能学会尊敬老人。如果身心受到了伤害，他们会跑到我们身边寻求慰藉。

孩子长到十四五岁的时候到底发生了什么呢？那个性情温顺、活泼开朗的乖孩子怎么一下子就变成另一个人了呢？

THE TEENAGE BRAIN

致家长

对于上述问题，我会迅速做出如下回答：这种如坐针毡的感觉不是个别现象。这个年龄段的孩子正在经历巨大变化，他们自己也在适应这一过程，想搞明白是怎么回事；他们的头脑和身体正在经历剧烈的重组；孩子们表现出来的鲁莽、粗蛮和无知并不全是他们的错！对于青少年身上各种令人烦恼的问题，我们基本上都可以从神经学、心理学和生理学的角度加以解释。作为家长或老师，你需要时刻提醒自己别忘了这一点！

A NEUROSCIENTIST'S SURVIVAL GUIDE TO RAISING ADOLESCENTS AND YOUNG ADULTS

青春期为什么与众不同

青春期的确是个危险的雷区。但青春期这个概念其实是一个较新的“发现”。很久以来，人们一直把青春期视为一个普通的发展阶段，直到20世纪中叶，科学家才认为它是一个介于儿童期和成年期之间的独立的发展阶段。我们所说的“青少年”通常指年龄在13~19岁之间的孩子。就连“青少年”（teenager）这个词，也是由于1941年4月发表的一篇杂志文章[1]才首次出现在纸质媒体上，而且在那篇文章中也只是被一笔带过而已。

19世纪中后期之前，人们一直习惯把青少年当作个头略小的大人，这主要是出于经济上的考虑。青少年要干各种活儿，他们要播种、挤奶，还要劈柴。美国独立战争时期，新殖民地有一半人口年龄不满16岁。如果一个女孩到18岁还没找到婆家，那么大家就会认为她这辈子基本上嫁不出去了。20 世纪初，10 岁刚出头，甚至是年龄更小的孩子就可以从事大多数工作，他们要么下地干活，要么去工厂，踩着箱子操纵各种机器。到 1900 年，工业革命的急速发展让两百多万青少年走进了美国的工厂。

20 世纪中叶，经济大萧条和高中的兴起改变了美国人对童年时期的定义，催生出全新的青少年时代。1929 年，美国股市崩盘，大萧条随即开始，童工首当其冲丢掉了自己的饭碗[2]。他们的唯一出路便是去读书。所以，到 20 世纪 30 年代末，大多数 14~17 岁的孩子都进入了高中，这可是美国教育史上的头一遭。美国民意研究中心（National Opinion Research Center）2003 年进行的一项调查显示，即便在今天，美国人依然把高中毕业视为成年的首要标志[3]。（在英国的大部分地区，没读完高中的青少年依然会被当作成人。在英格兰、苏格兰和威尔士，法律允许 16 岁大的青少年离开学校，甚至允许他们离家独立生活。）20 世纪 40 年代和 50 年代，美国的大多数青少年无须养家糊口，他们看起来自然不像成人，至少在高中毕业前不像。他们一般和父母住在一起，由父母养活。由于上高中的青少年越来越多，他们渐渐成为一个独立的阶层。和成人相比，他们的相貌、衣着、兴趣爱好，甚至语言都有所不同。简言之，他们形成了属于自己的文化。正如一位匿名作者所写的那样：“年轻人之所以成为青少年，是因为他们没有更好的选择。”[4]

早在一百多年前，有个人便已预见到了这一切，他便是美国心理学家格兰维尔·霍尔。1904 年，霍尔的《青春期：心理学及其与生理学、人类学、社会学、性、犯罪、宗教和教育的关系》（*Adolescence: Its Psychology and Its Relations to Physiology, Anthropology, Sociology, Sex, Crime and Education*）正式出版。这是一本有关青少年文化的突破性作品，虽然 400 多页内容从未提到过“青少年”这几个字，但书名中的“青春期”足以说明，**霍尔将介于儿童期和成年期的这段时间视为独立的发展阶段**。霍尔毕业于哈佛大学，是美国获得心理学专业哲学博士学位的第一人，后来还担任了美国心理协会（American Psychological Association）的首任主席。在他看来，青春期在性质上与童年期和成年期不同，是一个特殊且独立的人生阶段。霍尔认为，如果说成年期是进化成熟的理性，儿童期是未开化的野蛮，那么青春期就是中间那段繁茂生长的时期，具有原始和“新返祖”的特征，所以，这一时期仅仅比绝对混乱的儿童期好控制一点点。

霍尔向家长和老师提出如下建议：我们不应该溺爱处于青春期的孩子，而是应该把他们圈起来，灌输有关公益服务、纪律、利他主义、爱国主义和尊重权威的思想。虽然在有关如何应对青少年的多变和恼人这一问题上，霍尔的建议看起来有些粗暴，有点过时，但他很早就提出，青春期和发育期存在生理上的联系，而且认为“品格和人格正在成形，但一切都是可塑的”[5]。霍尔的这一认识在当时的确是非常先进的。他还写道：“自我感受和雄心与日俱增，每种特质和神经器官都容易让孩子们变得敏感，让他们做出过激反应。”

20 世纪中叶，美国公众认为“青少年”具备以下特点：强调自我感受，拥有雄心壮志，行事夸张、过激。第二次世界大战结束后，青少年渐渐成为一种文化现象，其代表符号包括少女追星族（teenyboppers）和崇尚伤感歌星、爱穿短袜的波比短袜派（Bobby-soxers），还有一些成功饰演叛逆角色的著名演员，如出演电影《无因的反叛》（*Rebel Without a Cause*）的詹姆斯·迪恩（James Dean），以及文学作品中的一些叛逆角色，如《麦田里的守望者》中的霍尔顿·考尔菲德（Holden Caulfield）。虽然青少年时代在美国逐渐成形，越来越为众人所接受，但对于孩子到底要长到多大才算是成人这个问题，大家还是没想清楚。即便到了今天，我们依然没能找到确切答案。在美国的大多数州，一个人要到 15~17 岁才能开车，18 岁才能投票、买烟和参军，21 岁才能喝酒，25 岁才能租车。众议院议员和美国总统候选人的最小法定年龄分别是 25 岁和 35 岁。至于州长候选人的最小法定年龄，有 6 个州不做规定，俄克拉荷马州则规定是 31 岁，为全美最小。在大多数州，法律对证人和合同订立者没有最低年龄要求。未成年人可以向法院申请独立，摆脱父母或监护人的监护，也可以自行寻求戒酒和戒毒治疗，大多数法庭亦未做出最低年龄限制。但是，只有 18 岁及以上的公民才有资格做出有关自己的医疗决策和订立具有法律效力的遗嘱。至少有 35 个州规定，如果 18 岁及以下的青少年要堕胎，必须获得家长的同意。就这样，我们向青少年发出了一堆混乱的信息。社会到底想让青少年肩负哪些责任？作为成人的我们都未必理得清这些信息背后的逻辑，就更别提理性思维能力欠发达的青少年了。

那么，成为青少年到底意味着什么呢？意味着他们一半是孩子，一半是成人？这不只是一个有关语义、哲学和心理的问题，因为对家长、老师、医生，乃至刑事司法系统来说，这个问题都影响重大，且极具现实意义，对青少年来说更是如此。

霍尔相信，青春期始于发育期的启动，因此人们认为是他开创了有关青少年的科学研究。霍尔认为，我们如果想理解青少年成长过程中所经历的心理、情绪和生理变化，就必须首先理解发育期的生理机制。他虽然拿不出相关的实证证据，但还是得出了这一结论。

都是激素惹的祸吗

“激素”一直是青少年研究的重点之一，但家长和老师把它当成了万恶之源，很容易把青少年惹的各种麻烦都归咎于它。在他们眼里，“激素”就像是邪恶的毒药或鸡尾酒一样，青少年将其一饮而尽，随后便癫狂发作。但这种认识其实是将信使错当成了罪魁祸首。大家不妨仔细想一想：如果一个 3 岁大的孩子哭闹不止，你会认为这是激素在作祟吗？当然不会。因为我们很清楚，婴幼儿之所以会这样，只是因为他们还不懂得如何控制自己。

在某种程度上，青少年亦是如此。关于激素的影响，我们必须认清一点：青少年的大脑是头一次“遭遇”各种激素，因此还不知道该如何调节身体对这些化学物质的反应。这有点像你吸第一口烟（希望这也是最后一口烟）时的状况，你的脸涨红了，觉得自己的身体轻飘飘的，或许还会觉得有点反胃。

性激素主要包括睾酮、雌激素和孕酮。科学家已经知道，这些激素会引发青少年的剧烈身体变化，比如变声，男孩会长胡子，女孩将经历月经初潮，乳房也会渐渐发育。在儿童体内，这些激素都存在。但发育期开始后，这些化学物质的浓度将发生极大变化。对女孩来说，其体内雌激素和孕酮的浓度会随着月经周期而有节奏地变化。由于这两种激素和大脑内控制情绪的化学物质都有关联，所以，一个 14 岁大的女孩前一秒还喜笑颜开，后一秒便可能泪流不止。对男孩来说，睾酮在一个叫作杏仁核的脑结构中找到了非常适合它的受体。该结构负责“战斗或逃跑”反应，即攻击行为和恐惧反应。青春期结束时，男孩体内睾酮的浓度可以达到发育前睾酮浓度的 30 倍。

边缘系统是大脑的情绪中枢，而性激素在边缘系统内特别活跃。青少年不但情绪变化无常，而且喜欢做各种易于引发强烈情绪反应的事，比如阅读动情的小说或乘坐让人惊叫不止的过山车。性激素在边缘系统内的活跃可以部分解释上述现象。青少年的大脑一方面喜欢寻求刺激，另一方面却又不具备成熟的决策能力，对青少年及其家庭来说，这会造成严重的，有时甚至是灾难性的后果。

虽然科学家们很早就了解激素是如何工作的，但他们只是在最近 5 年才搞清楚为什么会这样。原来在婴儿出生时，其体内就有性激素，但它们蛰伏了十多年。那么，到底是什么启动了发育过程呢？几年前，研究者发现[6]，性激素启动过程的各个阶段顺序发生，就像多米诺骨牌挨个儿倒下一样：起初，一个基因产生出一种名叫"吻素"（kisspeptin）的蛋白质，该过程发生于负责调节新陈代谢的下丘脑；当这种蛋白质连接另一个基因的受体时，它将引发垂体释放出储存的性激素；而这一股股睾酮、雌激素和孕酮最终将激活睾丸和卵巢。

自从性激素被发现后，在20世纪剩余的岁月里，人们便一窝蜂地用它来解释青少年的各种行为。但问题是，与二十出头的年轻人相比，十几岁的青少年体内的性激素水平不见得更高，这两个年龄段年轻人之间的差异仅仅在于对激素的反应不同。比如，青少年时期的应激反应不断增多[7]。包括惊恐障碍在内的焦虑障碍的发病率在这一时期一般会上升，这部分是由上述原因造成的。青少年对压力的忍耐力比不上成人，他们更容易患上压力引发的各种疾病，如感冒、头痛和胃部不适。在如今的青少年中，咬指甲和进食障碍等问题也广泛存在。来自四面八方的信息不断冲击着他们的头脑，信息的来源包括家庭、学校、同龄人，还有发达程度史无前例的大众媒体和互联网。在面临相同的外界压力时，成年人为什么就扛得住呢？2007年，纽约州立大学南部医学中心（SUNY Downstate Medical Center）的研究者报告说，对于负责调节焦虑情绪的激素四氢孕酮（tetrahydropregnanolone，简称THP），成人和青少年的反应完全相反。这种激素就像镇静剂一样，能让身处压力之中的成年人平静下来，其镇静效果大概能持续半小时左右。但同样的激素反而会让青少年变得更加焦虑。在实验中，四氢孕酮根本不能抑制未成年小鼠的焦虑情绪。所以，对青少年而言，焦虑只会引发更多的焦虑。这一现象背后的确存在着生理原因。

青少年冲动，喜怒无常，容易感到无聊；他们喜欢用行动表达态度，喜欢顶嘴，而且容易分心；毒品和酒精会对他们造成严重伤害；对于酗酒、飙车和性行为，他们常常无法做出理性决策。青少年的特点还有很多，为了给这些特点寻找合理解释，我们必须从神经学的角度进行探索，看看他们的大脑内部都发生了哪些过程。性激素水平的提升标志着发育期的开始，标志着一个孩子将渐渐变成一个性成熟，但却没有完全成熟的“大人”。

我们虽然可以用激素对青少年的独特之处做出部分解释，但还是需要对他们大脑内部发生的各种过程进行更深入的研究，特别是在不同脑区建立新联系的时候，以及各种化学物质，尤其是神经递质（大脑的“信使”）不断变化的时候。青春期是一个充满奇迹的时期。大脑的可塑性和高速成长为青少年提供了获得巨大成就的非凡能力，而且这种能力还在不断增强。但这是一把双刃剑，青少年的大脑易于接受新鲜事物，喜欢寻求各种刺激，因此，压力、毒品、化学物质以及任何环境变化同样能够对其造成负面影响。由于他们的头脑容易做出过激反应，所以上述影响容易让青少年产生更严重的问题。

THE TEENAGE BRAIN

名词解释

杏仁核：大脑深层的杏仁状结构，位于颞叶前部，负责处理情绪。

边缘系统：脑的一部分，位于丘脑两侧、小脑下方，包含涉及情绪、动机和记忆的脑结构。

下丘脑：脑的一部分，位于脑干上方，负责调控主要代谢过程，如体温、饥渴和睡眠。

THE TEENAGE BRAIN

02

大脑知多少

感觉先成熟，理智后发育

人体实在是不可思议，那么多器官被塞进如此有限的空间里，它们彼此连接，有序工作。许多科学家认为，就连普通人的大脑都能算得上是宇宙中最复杂的物体。和成人的大脑相比，婴儿的大脑不只是小了几号这么简单。与体内大多数器官的发育不同，人脑的发育并不是细胞数量的简单增加。刚出生时，婴儿会受到家人的细心呵护，他们的大脑也会利用这段时间经历特殊的发育阶段。随着孩子年龄的增长，大脑机能和大脑结构的连接性也会发生相应变化。当青少年将要成年，获得独立时，大脑的发育也将进入冲刺阶段。儿童和青少年的大脑很容易受外界影响，这一特性有其存在理由。小鸡出生后会迅速学习母鸡的行为，这一过程叫作“印刻”（imprint）。同理，儿童和青少年的大脑也会被各种经历“印刻”。孩子们长大成人后，他们儿时的经历将影响其如何做出选择。

“印刻”的作用在我身上得到了充分体现。在父母的影响下，我很小就对神经科学和医学充满好奇，这种好奇心支撑着我一路走来，从高中到大学，再到攻读博士学位，直至今天，始终如此。我的家境还算不错，父母育有3个子女，我排行老大。我家住在美国康涅狄格州的格林威治，离曼哈顿只有40分钟车程。那时候就有许多演员、作家、音乐家、政治家、银行家和富商在小镇上安家。女演员格伦·克洛斯（Glenn Close）出生在那里，美国前总统老布什在那里长大，伟大的乐队领队汤米·多尔西（Tommy Dorsey）在那里过世。

THE TEENAGE BRAIN 青春期的故事

第二次世界大战后，我的父母从英格兰移民美国。我父亲在伦敦获得医学学位，到哥伦比亚大学医学院泌尿外科住院实习。他们之所以选择小镇格林威治主要是因为这个地方离纽约比较近，上下班比较方便。至于住在那里的许多名人，他们倒不是很清楚，即便知道了也不会太在意。可能是受父亲的影响，我比较喜欢数学和科学。我在格林威治学院（Greenwich Academy）上中学，九年级时的一堂值得纪念的生物课把我引上了医学道路。那次，老师让我们解剖胎猪。许多同学一听到“解剖”二字便瘫坐在椅子上，一些姐妹直奔厕所，狂吐不止。而我和其他几个同学却很快投入到解剖工作中。正是在这样一个个关键“印刻”时刻的影响下，一些人成了科学家，另一些成了作家和律师，还有一些则成了企业家。

胎猪的静脉和动脉血管被分别注入了蓝色和红色的乳胶，所以看起来非常显眼。我是一个非常喜欢视觉思维的人，喜欢思考三维空间内各物体的相对位置和关系。这种视觉空间思维能力对于开展神经病学及神经科学相关研究和治疗是很有帮助的。

大脑是一个三维结构，脑内各区域和结构之间存在着各个方向的连接。如果一个神经科医生能在自己头脑中构建病人大脑结构及其连接的三维影像，这对于他判断病人中风和脑损伤发生的具体位置是很有帮助的。实际上，大多数神经科医生和神经科学研究者就是这么思考的。我们这群人喜欢在背景噪声中寻找有意义的信号。无论是什么类型的拼图，我都喜欢。早在计算机断层扫描（CT）和磁共振成像（MRI）诞生之前，还在读高中和大学的我就已经迷上了神经科学，那时的医生只能自己想象病患的三维脑结构图，并据此对病症做出诊断。这个我很在行。我喜欢做一个神经学侦探，至少我自己觉得，神经科学和神经病学是能够发挥我视觉空间思维潜力的完美专业。

你应该知道的大脑小常识

如果把人脑比作一整幅拼图，那么青少年的脑就是一幅还没拼好的拼图。作为一名神经学家，我的部分工作就是找出每块拼图应该放在什么位置，我决定利用自己的特长充分了解青少年的头脑。我之所以写这本书，也主要是希望大家能够了解：青少年的大脑具备哪些机能，缺乏哪些机能，还有哪些机能正在形成。婴儿降生时，大脑是人体所有器官中发育最不充分的结构，其大小只有成人大脑的40%。随着孩子年龄的不断增长，他们的大脑不只是长个儿，其内部结构的连接状况也会发生改变。大脑发育需要花费很长时间。

不过，青少年的大脑并不缺乏一些看似矛盾的特性：其灰质（形成大脑基本构建单位的神经元）数量过多，白质（帮助脑内各区域信息有效传递的连接组织）却数量不足。因此青少年的大脑就像一辆崭新的法拉利：

它蓄势待发，但还没经过上路测试。换言之，虽然它的引擎轰鸣不止，但却不知道该往哪儿开。因此，我们的文化不知道应该如何对待青少年。我们总以为一个人只要长得像成人，心智也应该是成熟的。这个年龄段的男孩已经开始刮胡子，女孩都能怀孕了。但从神经学的角度来看，他们的大脑还没有为黄金时段，也就是成人世界做好准备。

人脑的自然发育过程基本遵循自下而上、从后向前的顺序。值得一提的是，大脑结构连接性的增强也是从后部脑结构开始的，这些结构主要负责调节人体和环境的交互，以及各种感觉过程——视觉、听觉、平衡觉、触觉和空间感。小脑协助身体维持平衡，让动作变得协调；丘脑是感觉信息的中继站；下丘脑是调节饥渴、性欲和攻击行为的司令部。

我不得不承认，人脑看起来也就那样，没什么稀奇的。它位于脊髓之上，呈灰色（还记得“灰质”吗），质感介于烧煳的意面和果冻之间。这个湿答答、皱巴巴的器官差不多和两个并排的拳头一样大，重约 1.36 千克，和个头较大的小青南瓜不相上下。主要的脑细胞，即神经元，基本位于灰质中，他们负责思维、知觉、肢体运动和身体机能的控制。这些细胞不但彼此相连，而且还连接着脊髓，唯有这样，大脑才能控制我们的身体、行为、思想和情绪。神经元主要通过白质和其他神经元相连。广为使用的脑成像技术，如磁共振成像，能够有效区分灰质和白质。大脑的表面有很多褶皱。凹下去的地方叫作沟，凸起的地方叫作回。图 2-1 便是一张大脑的磁共振成像图，病人检查时的脑部影像和这个差不多。大脑可以分成左右两个半球（在图 2-1 中，我们从 A、B 两个角度分别对大脑进行横切和纵切，这些切面能够清晰显示大脑的两个半球）。大脑的最外层结构叫作皮质，由最接近表面的灰质组成，灰质的下面是白质。大多数脑细胞（神经元）位于灰质。相邻的神经元直接连接。但是，如果神经元位于脑的不同部位、不同半球，或分别位于脑内和脊髓内（用于激活面部及体内的肌肉和神经），那么神经元就必须通过白质进行连接。无论我们用肉眼观测，还是用磁共振成像技术观察，白质的颜色都比较浅，这是因为白质表面是一层像绝缘体一样的脂类物质，即髓磷脂，它的确是白色的。所以，白质名副其实。

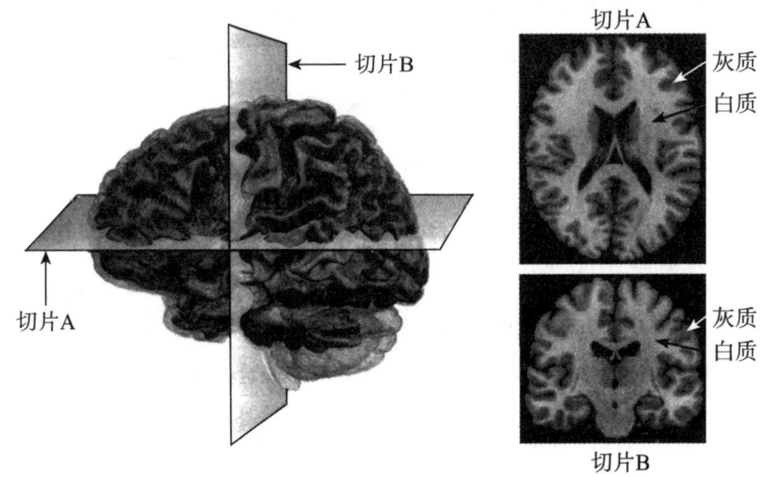

图 2-1 脑结构基础

大脑的磁共振成像扫描图像。我们可以从大脑的横切面（切片A）和纵切面（切片 B）看出，皮质（灰质）位于脑的最外层，白质位于灰质下。

资料来源：Brain images courtesy of and with permission from John Detre, MD, and Paul Yushkevich, PhD, University of Pennsylvania.

我先前已经提到过，就智力而言，脑的大小或重量并不意味着一切。鲸的脑重达 10 千克，大象的脑也有 5 千克重。有人说，智力的高低要看脑的重量和身体重量之比。如果真是这样，我们还不如侏儒猴，人类和侏儒猴的这一比例分别是 1：44 和 1：27。所以，人类的一些灵长类近亲在这方面并不输给我们。真正重要的其实是神经元相互连接的复杂程度。还有一个绝佳的证据可以说明脑的重量与机能至少和智力没太大关系：女性的大脑比男性小，但两性的智商得分没有差异。此外，爱因斯坦的大脑只有 1.23 千克重，略低于均值[1]，但谁也不否认他是 20 世纪最伟大的思想家之一。最近的研究显示，爱因斯坦每克脑组织所拥有的连接数量高于常人。

人脑的大小倒是和颅骨的大小很有关系，毕竟脑组织必须被塞进颅腔内。在工作中，我经常测量孩子的头围。有时候，我也会忍不住测量自己孩子的头围，就像定期测量他们的身高一样，为的就是看看他们是否发育正常。当然，孩子长大一点后觉得我神经兮兮，不肯配合，但当他们还是小娃娃的时候，我就是想抱紧他们，不让他们挣脱，然后拿出皮尺对他们的头围量了又量。不过，该指标并不能精确反应孩子的智力水平，它只不过是一个粗略的估计。影响头围大小的因素非常多。有些疾病的患者头偏大，有些疾病的患者头又偏小。颅骨最重要的特征是限制脑的大小。人类颅骨共有 22 块，其中 8 块属于脑颅骨，它们的主要工作就是保护脑。婴儿出生时，这些脑颅骨由一些连接组织连接，并没有完全闭合。这样，当胎儿通过产道时，其头颅就能略微收缩。松散连接的颅骨之间存在一定空隙，我们常说婴儿头顶“开天窗”，所谓的“天窗”便是被称作“囟门”的大空隙。宝宝长到一岁时，颅骨才闭合，这些“天窗”也就关上了。婴儿出生后的头一年里，颅骨的尺寸增长最为迅速，因为大脑的早期发育十分迅猛，待孩子长到 7 岁时，颅骨增大的过程便已完成大半。

颅骨的大小既然已经没什么增长余地，进化过程便只能尽可能地往有限的空间里塞入更多脑组织。现代人种由直立人进化而来，后者人约出现在距今 200 万年前。其脑容量大约是 800~900 立方厘米；现如今，智人的脑容量有将近 1 500 立方厘米。现代人的脑比我们祖先的脑大出一倍，因此我们的颅骨必须增大，女性的骨盆也随之变宽。这些巨大变化都是在短短 200 万年内完成的。人脑的设计的确极为巧妙，但多少给人一种手忙脚乱、匆匆完成的印象。不然我们该如何解释大脑表面布满褶皱的现象呢？就像一堆衣服被塞进一个狭小的衣橱里一样，大量脑组织被进化过程塞进空间有限的颅腔里，这让大脑的表面看起来像是被折了又折、压得紧紧的绸带。这些褶皱，也就是图 2-1 中显示的沟回，便是这一压缩过程的结果，它们让人脑表面变得不规则。在所有物种中，人脑具有最复杂的褶皱结构，这一点也不奇怪。进化层次较低的哺乳动物，其脑内的褶皱就没那么多了。猫和狗的脑有一些褶皱，但不能和人脑比，大鼠和小鼠的脑基本没有褶皱。脑的表面越光滑，其机能就越简单。

虽然人脑看起来左右对称,但其机能却存在着一定的“错位”和不对称。右脑控制左侧身体，反之亦然。没人确知为什么会这样。这意味着，右脑皮层掌控左眼、左手、左腿的运动，而左脑皮层控制右眼、右手和右腿的运动。至于视觉，由双眼左侧视野传入的信息经由右侧丘脑到达右侧枕叶皮层，反之亦然。此外，科学家认为，一般来说，视觉和空间知觉主要由右脑处理。

实际上，身体各部位可以对应到大脑的表面，由此形成的对应图被称为“小矮人”。在运动和感觉皮层，大脑根据身体各部位机能的重要性，为其分配资源。面部、唇、舌和手指获取的脑资源最多，因为与背部相比，这些部位感觉及运动控制的敏感性和准确性要求很高。

20 世纪初，加拿大神经科学家怀尔德·彭菲尔德（Wilder Penfield）最早画出了“小矮人”对应图[2]。他需要将患者脑内引发癫痫发作的结构切除。在手术过程中，他刺激大脑的不同区域以确定切除哪些结构是安全的。某些区域受到刺激时，病人的手臂或腿会动，另一些区域受到刺激时，病人的面部肌肉会动。多次同类手术让彭菲尔德获取了足够信息，“小矮人”对应图应运而生（见图 2-2）。

分配给身体某部位的脑资源的多少取决于该部位机能的复杂程度。比如，如果将分配给手、手指、唇、嘴的大脑皮层和分配给整个背部的大脑皮层相比，前者的面积大约是后者的 10 倍（除了弯腰以外，你的背部似乎没有太多动作可做）。就这样，相邻的身体部位在大脑皮层上所分配的区域也相邻。

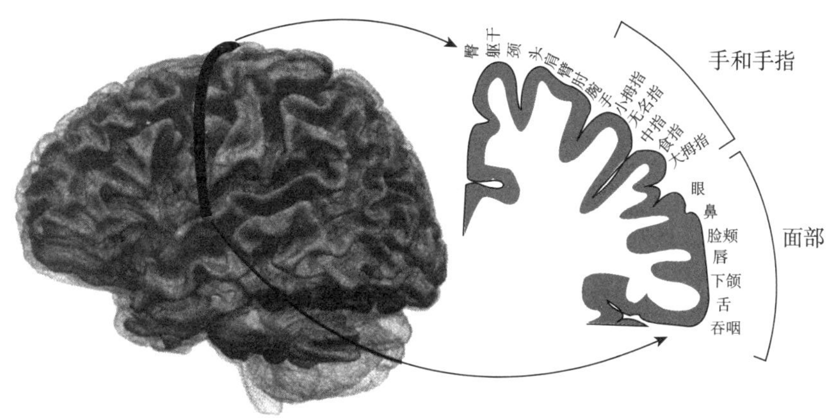

图 2-2 “小矮人”

身体各部位和相应脑区域的对应图。

资料来源：Artwork by Mary A. Leonard, Biomedical Art and Design, University of Pennsylvania. Brain image courtesy of and with permission from John Detre, MD, and Paul Yushkevich, PhD, University of Pennsylvania.

环境塑造大脑

我本科就读于美国马萨诸塞州北安普顿的史密斯学院（Smith College）。我本科论文的研究课题是：加强对四肢的刺激能否让脑内对应皮层的面积增大。这实际上是一项有关大脑可塑性的早期研究，其主旨是搞清楚大脑会不会因为外部刺激而发生改变。20 世纪 70 年代后期以来，许多给人留下深刻印象的研究支持“印刻”概念。来自哈佛大学的一对科学家大卫·休伯尔（David Hubel）和托斯坦·维厄瑟尔（Torsten Wiesel）是该领域的领军人物[3]。我之所以选择相关的本科论文课题也是受到了他们所做研究的激励。“可塑性”一词渐渐流行起来，它意味着大脑能被经历改变，它像塑料一样，是可以被塑造的。休伯尔和维厄瑟尔用实验告诉我们，如果幼猫的一只眼睛一直被蒙住（它们看起来就像一群小海盗），那么在它们长大后，那只被蒙住的眼睛就看不见东西。这两位科学家还发现，原本分配给这只眼睛的大脑皮层被部分用于处理来自另一只眼睛的视觉信息。他们还做了另一系列实验，幼猫被放置在只有竖线条的环境中喂养，结果它们长大以后，只能对竖线条做出反应。上述实验说明，脑发育过程中，个体所接触外部线索和刺激的种类会影响其成年后大脑的工作方式。我的本科论文基本上也是研究此类课题，只不过我感兴趣的不是视觉，而是触觉。

我在生活中也有机会验证神奇的“印刻”效应，让我给大家讲述一个有趣的故事。我家那只19岁高龄的爱猫寿终正寝了。没过多久，我和两个儿子就去附近的动物收容所领养小猫咪。一只惹人怜爱的小猫看起来十分需要人照顾，它很快就俘获了我们的心，被我们带回了家。孩子们给他起了个名字：吉尔。吉尔总是团成个团儿，趴在我们腿上，它对人很友好。我想起了有关大脑可塑性的实验，于是建议孩子们在和猫玩耍的时候多多按摩它的小爪子，看看它的动作会不会变得更加协调。所以，我们三个只要一抱起吉尔，就会按摩它的爪子，把它的爪子摊开，并触摸那一个个小小的“指头”。在我养过的猫中（从8岁起，我便不停地养猫），吉尔是最喜欢使用爪子的一只，这一点也不奇怪。它甚至会做大多数猫不会做的动作。吉尔太喜欢使用自己的爪子了，它在屋里转来转去，把桌上的一些小物品拍落，乐此不疲。这不免让我们感到有些紧张，因为有些东西掉在地上会摔碎。它还会小心翼翼地伸出左爪，从盘子里舀出一些食物放进嘴里。我们渐渐发现，吉尔总是用左爪做这些高难度动作。它是个不折不扣的左撇子！我们突然意识到，由于吉尔和我们玩耍的时候总是面对着我们，而我们习惯使用右手，所以它的左爪得到了更多刺激！神经可塑性家庭演示就此宣告成功。如果能观察吉尔大脑内发生的变化，我们一定会发现，分配给它的爪子，特别是左爪的大脑皮层变得更大了，超过了猫的平均水平。**经历能够改变大脑资源的分配，这一现象同样发生在人身上。**“后天教养”能够影响“天性”的时期被我们称为关键期。我们稍后会对此进行详细讨论。

先前的两个例子说明，大脑给视觉和身体不同部位分配了相应的脑区，但在个体发育过程中，相关感觉和运动机能的使用情况会改变相应脑区面积的大小。从结构上来讲，大脑可以分为 4 个区域（见图 2-3）：额叶（前上方）、顶叶（后上方）、颞叶（两侧）和枕叶（后方）。大脑位于连接脊髓的脑干之上。在大脑的后部，小脑负责控制运动机能的协调性。枕叶包含视觉皮层。顶叶包含联合区域以及运动和感觉皮层（图 2-2 中的小矮人已详细说明）。颞叶包含负责调节情绪和性欲的脑区，语言中枢也在这里，更具体地说，应该是在优势大脑半球的颞叶上（对右利手和 85% 的左利手来说，其语言中枢位于左颞叶，至于剩余的左利手死党，其语言中枢位于右颞叶）。额叶位于大脑的最前端，该区域与执行功能、判断、顿悟以及冲动控制有关。青少年时期，大脑的后侧区域先成熟，前侧区域后成熟。与其他区域相比，青少年的额叶发育最不成熟，与脑内其他部分的连接最晚形成。

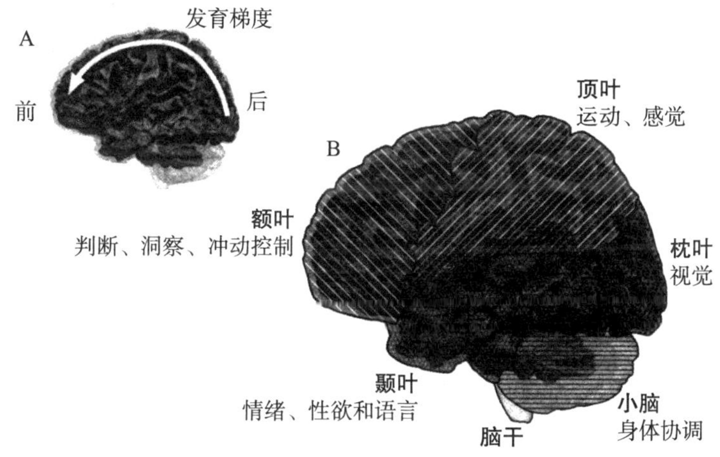

图 2-3 人脑的不同区域

A. 大脑从后向前发育。B. 大脑皮层可根据其功能的不同，被分为若干主要区域。

资料来源：Created by the author, artwork adapted by Mary A. Leonard, Biomedical Art and Design, University of Pennsylvania. Brain image courtesy of and with permission from John Detre, MD, and Paul Yushkevich, PhD, University of Pennsylvania.

每种感觉都有专职处理相关信息的脑区。听觉皮层位于颞叶，视觉皮层位于枕叶，躯体感觉皮层和运动皮层则位于顶叶。人脑的其他部分与感觉无关，额叶就是最好的例子，它占脑容量的40%以上，此比例为各物种之首。额叶让我们产生顿悟、做出判断、进行抽象思维和规划未来。它是自我意识的来源，并让我们具有评估危险和风险的能力，从而明智地选择行动方向。

重要却晚熟的额叶

额叶常被称为人脑“执行功能”之所在。黑猩猩额叶的大小和人类最接近，但也只占其脑容量的17%左右。狗的额叶只占其脑容量的7%。不同物种侧重发展不同的脑结构。和人类相比，猴子与黑猩猩的小脑更大，因为它们的身体协调能力很重要。海豚的听觉皮层比人类发达，其听觉范围至少7倍于年轻成人。狗脑内有10亿个嗅觉细胞，而我们人类只有1 200万个。鲨鱼脑内有帮助它们探测电场的特殊细胞，这一功能不是用来导航的，而是用来发现猎物的，因为鱼在逃命时，其肌肉的运动会释放出微弱的电波。

人类主要靠智力，而不是蛮力生存。但建立这一优势所需耗费的时间最长，因为额叶和其他脑区的连接最为复杂，也最晚成形。所以，“执行功能”发展得很慢，这种能力不是与生俱来的。

那么，在儿童期和青春期，这些脑区是按照何种顺序进行连接的呢？要不是现代脑成像技术的发明，我们永远都不会知晓这个问题的答案。磁共振成像这种新型脑扫描技术不仅能够准确描绘大脑在颅内的图像，而且还能显示不同脑区之间的连接状况。功能性磁共振成像技术更先进，它甚至能告诉我们某个脑区是被另外哪个脑区激活的。因此，我们能够判明同时“触发”的脑区是否彼此连接。在过去十年里，全美医学研究院（National Institutes of Health）开展了一项重要研究[4]，科学家想搞明白，在人类个体发育的头21年里，脑区是按照什么顺序依次连接的。

科学家得出的结果非常不可思议：最先完善的是大脑后部区域之间的连接，随着时间的流逝，连接性的成熟度渐渐从后向前推进。建立连接最慢的恰恰是额叶（见图 2-4）。实际上，青少年头脑的成熟度只有 80%。但未成熟的这 20% 非常关键，它有助于我们理解青少年奇怪的行为特征：他们情绪不稳定、易怒、爱冲动，而且脾气暴躁；此外，他们无法集中注意力，难以持之以恒，很难和成人沟通；他们还喜欢滥用药物、酗酒、找刺激。我们这些大人如果觉得自己举止文明，心智成熟，那还真得感谢额叶和前额叶的大脑皮层。

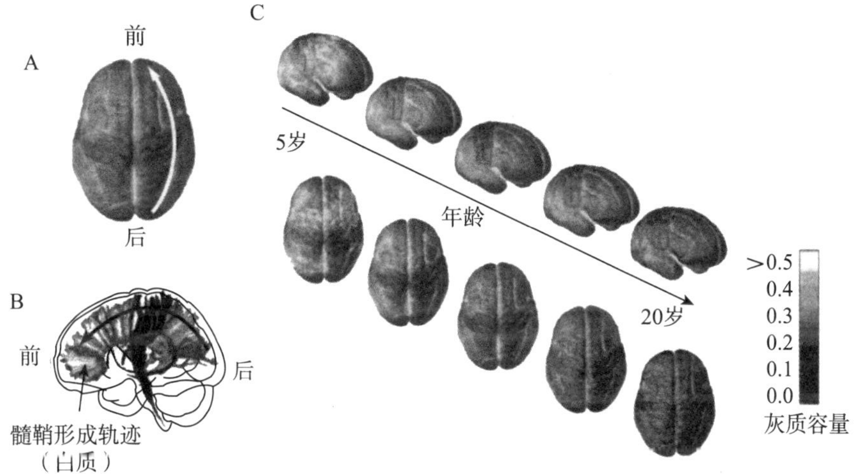

图 2-4　脑的发育：从后向前进行“连接”

A. 功能性磁共振成像扫描能描绘大脑各部分的连接性，颜色越深的区域连接性越好。B. 髓鞘的形成过程反映出，大脑皮层的成熟顺序是自后向前的，因此额叶的连接性最晚得到完善。C. 时间序列的大脑连接性扫描显示，额叶的连接性要等个体长到 20 多岁时才得以完善。

资料来源：A, C: Reprinted from N. Gogtay et al., “Dynamic Mapping of Human Cortical Development During Childhood Through Early Adulthood,” *Proceedings of the National Academy of Sciences* 101, no. 21 (May 25, 2004), 8174-79, copyright 2004 National Academy of Sciences, U.S.A. B: Brain image courtesy of and with permission from John Detre, MD, and Paul Yushkevich, PhD, University of Pennsylvania.

THE TEENAGE BRAIN
青春期的故事

由于青少年的额叶尚未火力全开，一些事故和惨剧的发生也就不足为奇了。额叶和其他脑区的连接要到青春期快结束时才差不多完成，因此，大学生的保险系数也不高。最近，我的一个朋友给我讲述了一个让人心碎的故事。他的儿子有个名叫丹的同学，这个孩子各方面均表现优异，很少让父母操心。他高中时是冰球明星，在大学里主修金融专业，是个很讨人喜欢的年轻人。暑假里的一天，丹的母亲突然打电话给我朋友的孩子，说丹前一天晚上不幸溺亡。原来，丹和朋友们出去喝酒，一直喝到凌晨三四点钟才回家。这批年轻人（共8人）想让自己清醒清醒，于是翻墙进入已关门的网球俱乐部，跳进了游泳池。孩子们快到家时才发现丹不见了。他们飞奔回泳池，却发现丹脸朝下漂在水面上。尸检报告确定的死因是“急性酒精中毒”引发的事故性溺毙。一篇相关报道让我不禁摇头：“警方要求年轻人在做出可能危及生命的举动前，一定要三思而后行。”

“三思而后行。”

有多少次，我们是这样劝诫子女的？太多太多次了。即便如此，当得知丹的不幸消息时，我还是立刻把儿子们叫到身边，把这个故事详详细细地讲述一遍。我告诉他们，必须牢记这一教训：不幸真的会发生，酒后一定不能游泳，不能在深更半夜突然翻越栅栏，或者和7个同样喝得醉醺醺的朋友跳入泳池。

THE TEENAGE BRAIN
致家长

家长对这些悲剧故事抱有什么样的态度、以何种方式和子女讲述这些故事是非常重要的。我们不能只是暗自庆幸这次出事的不是自己的孩子，或者觉得自己的孩子永远不会做出那么荒唐的事来。你必须把这些真实的故事及真实的后果塞进他们的脑瓜里，然后在他们吃饭时、参加足球训练时或上音乐课前不断重复，即便孩子们抱怨说已经听过这些故事。你必须让他们明白：这些悲剧随时都会发生，很多情况都会给他们带来麻烦，甚至是不幸。

A NEUROSCIENTIST'S SURVIVAL GUIDE
TO RAISING ADOLESCENTS AND YOUNG ADULTS

重复之所以重要，和青少年大脑发育的特点有关。额叶执行功能有一项能力叫作前瞻记忆，这种能力让人记得在未来某个时刻做某事，如记得回家后打电话报平安。研究发现，前瞻记忆不仅和额叶密切相关，而且有两个重要发展时期，即 6~10 岁和 20 岁出头这两个年龄段。至于 10~14 岁的青少年，他们的前瞻记忆基本没有显著进步，就好像此能力的发展和其他方面的发育脱节了一样。

分配注意力的顶叶

顶叶位于额叶正后方，包含一些联合区域，对多任务之间的切换至关重要，这种能力也是在青春期末期才成熟的。在信息过载的今天，多任务并行处理能力是必不可少的。我们所说的多任务并行处理是指同时进行两种或以上需要一定认知资源的复杂任务，仔细想想你会觉得这事儿挺神奇。边嚼口香糖边做其他事不算多任务并行处理，因为嚼口香糖几乎可以自动完成，不需要我们给予关注；但一边开车一边打电话就是，因为这两项任务都需要我们的认知关注。在某一时刻，人脑所能注意事项的数量是有限的[5]，如果一个人同时做两件需要用脑的事情，如打电话和驾车，他的大脑在处理信息时就必须在两项任务之间来回切换。结果是，虽然他同时在做两件事，但没有一件事能真正做好。

虽然顶叶能帮助额叶集中注意力，但这种能力是有限的[5]。而且人脑像变戏法一样，让我们觉得自己是在同时处理两项任务，而不是在它们之间来回切换，但事实并非如此。2009 年，瑞典卡罗林斯卡学院（Karolinska Institutet）的科学家对多任务并行处理能力的极限进行了测量。他们让被试同时进行两项以上的任务，并用功能性磁共振成像技术对他们进行脑扫描，最后用这些图像来模拟人脑在进行多任务并行处理时是如何运作的。他们发现，人的工作记忆在任一时刻只能留存 2~7 个不同的图像；这意味着，同时做两件复杂的事情几乎是不可能的。聚焦注意力这一功能主要是由顶叶实现的，它会抑制不相关的脑活动，让我们的注意力集中在一项任务上，然后再将注意力聚焦到另一项任务上。

THE TEENAGE BRAIN 青春期的故事

2008 年 5 月，美国广播公司（ABC）记者戴维·克利（David Kerley）和他十几岁的女儿德万在《早安美国》节目中，向我们演示了顶叶不成熟会引发什么样的问题。在好事达保险公司的试车场里，有一年驾龄的德万在父亲的指导下驾车熟悉场地。随后，她依次接受了 3 项“集中注意力”测试。首先，她一边驾车绕桩，一边阅读手机屏幕上的短信，结果她撞倒了几个桩子。随后，德万的 3 个好友坐上了车，在她开车的时候和她兴奋地聊天，这次她撞倒了更多桩子。最后，德万一边开车，一边在手握水瓶的同时给朋友分发曲奇饼干，她的表现更差了。多任务并行处理不仅神奇，而且很危险，特别是在青少年分心的时候。

“多任务并行处理”已经不是什么稀奇事了，但瑞典科学家所做的研究显示，这种能力是有极限的。青少年和年轻人觉得这种能力很酷。当今越来越纷繁复杂的世界已经使这种能力成了他们的特征，是这样吗？或许吧。在研究青少年如何应对各种干扰时，明尼苏达大学的科学家发现，多任务并行处理能力在青春期还处于不断发展的阶段，尚未成熟。美国每年有将近 6 000 名青少年死于车祸，其中 87% 都是因为不专心驾驶而丧命的[6]。了解了青少年大脑发育的特点后，或许我们就不难理解这是为什么了。

现在的年轻人到底有没有在干扰下学习新知的特殊本领呢？2006 年，来自密苏里大学（University of Missouri）的研究者用实验正式给出了回答。他们让 28 名本科生（其中包括 20 岁不到的孩子）记忆若干组单词，过一段时间后，再让他们回忆这些单词。为了检验干扰是否会影响他们的记忆力，研究者要求一部分学生在背单词时做一件事，要求另一部分学生在回忆单词时做一件事，这件事就是通过按键对一系列字母进行颜色排序。科学家发现，多任务并行处理对编码（记忆）和提取（回忆）过程均有影响[7]。需要在回忆单词（类似于参加考试）时给字母排序的学生，其回忆的正确率下降了 9%~26%。至于需要在记忆单词时给字母排序的学生，其回忆的正确率更糟，下降了 46%~59%。

在家里，我们应该给孩子提供一个怎样的学习环境呢？上述研究给出了答案。我家的两个孩子以前做作业时经常开着电视，听着耳机，一边在电脑上和朋友聊天，一边用手机发短信。我让他们把那些无关的设备和软件都关掉，要求他们专心做作业，他们却抗议说没关系。虽然在复习功课时他们还在忙活其他 32 件事情，但孩子们觉得自己的复习完全不受影响，并向我保证考试成绩不会下滑。我才不信他们的鬼话咧。于是，我拿出了密苏里大学科学家得出的研究数据来佐证我的观点。如果你也想以理服人的话，那么可以参考图 2-5 中的数据。

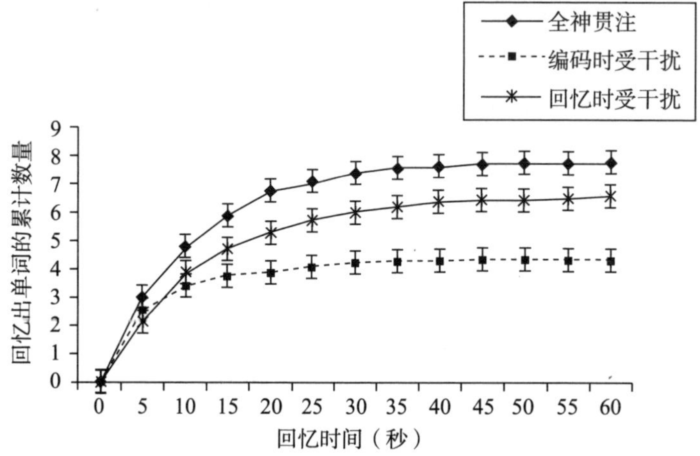

图 2-5　青少年的多任务并行处理能力还不完善

受测学生被分成 3 组：无干扰组（全神贯注）、编码干扰组和回忆干扰组。结果第 3 组学生表现较差，第 2 组学生表现最差。

资料来源：With kind permission from Springer Science and Business Media and the author: M. Naveh-Benjamin et al., "Concurrent Task Effects on Memory Encoding and Retrieval: Further Support for an Asymmetry," *Memory & Cognition* 34, no.1 (2006), 96, fig. 3A, © 2006.

掌控情绪的边缘系统

看一个人的注意力有多集中只是评估脑力的一个角度。头盖骨底下不只是大脑的 4 个脑叶，让我们回到图 2-3，从人脑的后侧结构开始。你会在人脑的底部发现与脊髓相连的脑干。该结构控制大多数与维持生命相关的重要生理机能，如呼吸、心率、血压、膀胱运动和肠蠕动。脑干“自主”工作，我们意识不到它在干什么，一般情况下也无法控制它的功能。脑干和脊髓通过一些中继站，如位于大脑皮层下的丘脑，和人脑的高级区域相连。所有感觉信息通过丘脑的中继传向大脑皮层。基底神经节也位于大脑皮层下方，它对于协调身体各部分的动作至关重要。帕金森氏病直接影响基底神经节，它会让患者出现肢体震颤、强直、动作迟缓等标志性症状。

当我们由下往上接近大脑皮层的时候，会发现一些被统称为边缘系统的结构。边缘系统和记忆以及情绪有关。我在本书中将多次提及一个脑结构——海马，它位于颞叶下，长得像小海马一样，其英文名“hippocampus”其实就源于拉丁语中的“马”。海马为我们记忆功能的实现立下了汗马功劳，无论是记忆的存储，还是记忆的提取，都离不开它。

对于海马我们都知道些什么呢？它是人脑中兴奋性突触最密集的地方。它十分忙碌，我们的各种经历都会激活它。我们稍后将会看到，与成人的海马相比，青少年海马的马力过于强劲。

六十多年前，一次激进的脑外科手术产生了意想不到的后果，揭示了海马和记忆之间的关系[8]。1953 年，来自美国康涅狄格州的一位 27 岁男性接受了这一手术。他前几年刚刚去世，公众一直不知道他的全名，只知道他姓名的首字母缩写是 H.M.。当时的 H.M. 经常受到严重癫痫发作的困扰，以至于连一般的工厂工作都做不了。耶鲁大学神经外科医生威廉·斯科维尔（William Beecher Scoville）决定对其实施一项手术，摘除导致其癫痫发作的大部分内侧颞叶。就癫痫的治疗效果来说，这次手术非常成功，H.M. 癫痫发作的频率和严重程度都大幅下降。但在手术中，H.M. 大脑内的一大部分海马也被切除了（那时候，科学家还不知道海马对记忆的形成至关重要，恰恰是这次手术让人们认识到了这一点）。H.M. 醒来后，人们发现，虽然他的癫痫不怎么发作了，但其短时记忆再也无法被转变成长时记忆。他能记起手术前发生的事情，但在术后几十年里，他的短时记忆无法存储下来，他记不得发生过什么，记不得自己说过什么、做过什么，对于自己的所思所感以及自己见过什么人一点儿也记不起来。H.M. 之所失恰恰是神经科学之所得。研究者第一次指出特定脑区（颞叶）和特定脑结构（海马）是人类记忆之所在。

海马的隔壁是另一个重要的大脑结构，那就是杏仁核，它也位于颞叶下，属于边缘系统的一部分，与性行为和情绪性行为有关。杏仁核非常容易受到激素，如性激素和肾上腺素的影响，是愤怒情绪之所在。在实验中，该结构受到刺激的动物会变得十分暴躁。边缘系统可以被看作是大脑内体验和情绪交汇的十字路口。

科学家认为，有点放荡不羁、过分活跃的不成熟杏仁核是导致青少年情绪不稳的一大原因。孩子们自认为合理的要求一旦被拒，往往会歇斯底里，我们可以用杏仁核对该现象进行一定的解释。不成熟的杏仁核外加连接松散的额叶，青少年闯祸也就是顺理成章的事了。我的同事有一个 16 岁大的病人。他的父母对他说，驾车是一项“特权”，而不是人人都能享有的“权利”（显然他还没资格拥有）。这个孩子一气之下，偷了父母的车钥匙，发动汽车，猛踩油门向前冲。但他没能走多远，因为他忘记了车库门是关着的，于是汽车直接破门而出。我的另一个同事告诉我，幸好他有 3 个女儿，而不是 3 个儿子，所以没什么骇人听闻的故事好说。不过他仔细想了想又说：“对了，一次我和太太外出度周末，女儿们和朋友在家开派对，结果孩子们溜进酒窖，喝了个够，还把酒搬进汽车后备箱，然后开着车往外跑。还好车只是轻轻擦了一下。我后来知道她们还戴脐环——直到几年后她们肚子上的洞都长好了我才知道。幸好孩子们没闯什么大祸。”

THE TEENAGE BRAIN

名词解释

灰质：大脑皮层，含有大量神经元。白质位于皮层灰质之下。

神经元：神经系统中的独特细胞，使用神经递质在彼此之间传递信号。

白质：大脑内由髓磷脂包裹的轴突神经束，负责神经元之间电化学信号的传递。

沟：褶皱的大脑皮层上凹陷的部分。

回：褶皱的大脑皮层上突起的部分。

髓磷脂：包裹轴突的白色物质，能够提高神经信号传递的速度和效率。脑、脊髓和周围神经中的许多种轴突均由髓磷脂覆盖。

枕叶：大脑的一部分，位于大脑后端，包含视觉皮层。

大脑可塑性：大脑改变结构和机能的能力，相同经历的反复刺激特别容易激发大脑的这种能力。青少年头脑的可塑性最强，因为他们的大脑尚在发育中。成人的头脑也具有可塑性，这种能力是学习和记忆的基础。

额叶：大脑四大主要区域中的一个，位于大脑的最前端，负责许多执行机能，如推理、计划和其他复杂认知过程。

顶叶：位于额叶后、枕叶前的脑区，主要负责触觉以及空间视觉处理。

颞叶：大脑左右两侧的区域，负责处理嗅觉、听觉和复杂的视觉辨识过程。

海马：脑的一部分，位于颞叶，主要与记忆加工过程有关。

突触：神经元末端结构，电信号或化学信号通过其传向其他神经元。人类所有的思维、情感和肢体运动都依赖于突触的信息传递。

THE TEENAGE BRAIN

03 了解脑细胞

是什么决定了青少年的思维能力

无论将显微镜的镜头对准大脑的哪个区域，你都会发现视野里满是细胞。实际上，大脑内数以亿计的细胞之间几乎没有空隙。进化过程确保了大脑内的所有空间都被充分利用。细胞是人体的最小构建单位，每个细胞都拥有自己的司令部，那就是细胞核。细胞核呈椭圆形，是位于细胞中央的一个个头较大的结构。200 多种不同种类的细胞构成了我们体内的器官、组织和肌肉，等等。大脑内有一种很独特的细胞，叫作神经元，本书将多次提及。思想、情感、肢体运动和心情看起来十分复杂，但它们只不过是神经元互相发送电信号所产生的结果。

我第一次用显微镜观察脑细胞是在 20 世纪 70 年代中后期。那时候，如果你想研究神经元的变化，如学习过程引发的神经细胞变化，那么唯一的方法是每隔一段时间，用显微镜对细胞个体进行观察。如今，我们已经拥有脑成像扫描仪和专业化的显微镜，这些神奇的工具让我们能够实时观察脑细胞和突触的变化。如果你正在学习，比如阅读本书，那么你的神经元将在 15 分钟内发生变化，更多的突触和受体会被创造出来。细微的变化在你开始学习新知后几毫秒内便已启动，这些变化可以持续数分钟至数小时。看着显微镜视野中的脑细胞，我常常惊叹于它们的数量如此巨大、连接状况如此复杂，不知道还有多少秘密等待我们去发掘。我们已经知道，每个人的脑细胞连接状态都是不同的，不同的经历塑造出不同的头脑。这是科学探索的终极前沿，是位于我们体内的前沿，我们刚刚开始找出一些规律。

神经元的工作原理

人脑拥有 1 000 亿个神经元。虽然大头针顶部这么小的地方能容纳约 30 000 个神经元，但是如果你将它们首尾相接，光是一个人大脑皮层上的神经元就能绵延 16 万千米，足以绕赤道 4 圈。我们刚出生时所拥有的脑细胞数量比人生其他任何阶段都要多。不过实际上，在人类胚胎发育到 3~6 个月大的时候，神经元的密度是最高的。大量灰质被修剪的过程发生在孕期的最后 3 个月和婴儿出生后的头一年里。即便如此，婴儿出生时，大脑内神经元的数量依然惊人。为什么会这样呢？因为婴儿在降生后，要对新世界铺天盖地而来的各种新刺激做出反应。视觉、听觉、嗅觉和各种感觉信息蜂拥而至，接受刺激的神经元将细胞的一部分不断向外延伸，与其他神经元相连，进而形成密密麻麻的神经网络。既然拥有这么多脑细胞，婴儿为何没有成为一个个小莫扎特和小爱因斯坦呢？因为在婴儿出生时，他们大脑内为数众多的神经细胞只有很少一部分彼此相连。神经元的确是接收了不断涌入的信息，但却不知道该把它们往哪儿送。就像一个人突然置身于陌生而繁华的大都市一样，婴儿的大脑有很多事情可以做，但缺少了地图和罗盘，它便不知如何在这个新世界中辨别方向。“大多数婴儿出生后的意识状态就和我们吃了迷幻药后的感受差不多，他们会觉得这个世界光怪陆离。”神经学家丹尼尔·列维京（Daniel Levitin）如是说[1]，他供职于加拿大蒙特利尔的麦吉尔大学。

受到刺激后，神经元会触发动作电位，电信号会从接触刺激的一端，沿着树突，即神经元负责传入信号的部分，向细胞核心传递（见图 3-1）。

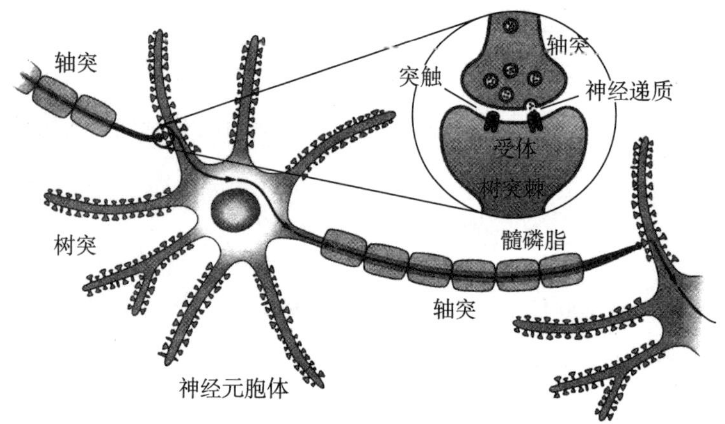

图 3-1 神经元、轴突、神经递质、突触、树突和髓磷脂解剖图

细胞间的信号通过突触，从轴突向树突棘单向传递。包裹着髓磷脂的轴突大大加快了信号传递的速度。在突触间隙，轴突释放出的神经递质分子绑定树突棘上的突触受体。

资料来源：Created by the author, artwork by Mary A. Leonard, Biomedical Art and Design, University of Pennsylvania.

当我们看到红色、闻到花香、伸缩肌肉，或记起某人名字时，就会产生动作电位。

如果说每个神经元的胞体是一个中继站，那么光有传入信号必然是不够的，还要有传出信号。一旦传出信号到达轴突的终扣，也就是轴突末端，信号会引发反应，让终扣释放化学信使，即神经递质。两个神经元的接触点叫作突触，它们实际上是宽度仅为约八万分之一毫米的空隙。大脑活动其实就发生在突触中。信号沿着神经元的轴突传至突触，然后变成化学信息被释放到突触间隙。和液体钥匙一样，这些神经递质穿越突触，插入突触另一侧神经元上的锁孔里。就这样，信息从一个神经元传递到了另一个神经元。匹配“钥匙”的“锁”，也就是受体，一旦被打开，受体所在神经元就会产生神经冲动，即动作电位，信息沿着树突传至胞体，再传至轴突，向下一个神经元进发。

神经元的生存离不开神经胶质的帮助。神经胶质有几类：星形胶质细胞、小神经胶质细胞和少突细胞。简单来说，星形胶质细胞为神经元提供养分，并清除细胞周围有害或不需要的化学物质，以确保神经元处于最佳工作状态。顾名思义，小神经胶质细胞个头不大，它们在神经元附近移动。感染或炎症发生时，它们会被激活，穿越脑组织直达病灶，抵御外敌，所以小神经胶质细胞有点像大脑的预备役部队。不过，由于人脑的设计非常高效，这些细胞在平时也会做一些清扫工作。所以，即便没有被激活，小神经胶质细胞也有助于维护突触的健康。少突细胞形成用来包裹神经元轴突的髓磷脂。许多少突细胞紧密排列在白质内，将白色的髓磷脂包裹在轴突外，就像将橡胶包裹在电线外一样，使其绝缘，信号沿轴突传递的速度因此成倍提高。

虽然在我们出生时，绝大部分脑细胞已经生成，但大脑皮层的大多数突触还没完全形成。在人脑的底部，如脑干，突触的确近乎完全形成。但在大脑皮层上，突触是在婴儿出生后的一段时间里快速增长的，我先前已经提到过这一关键期。在这一时期，婴儿大脑内的突触以每秒两百万个的惊人速度迅猛增长，孩子因此而经历一个又一个生长发育的里程碑，如彩色视觉、抓握、面部识别和依恋关系的建立。这一发育过程就好像婴儿的大脑伸出了数十亿根天线，扫描周围世界的信息一样。如果一个突触想存活下来，它必须找到接收信息的下一个神经元。因此，人脑内的突触数量在儿童期达到巅峰。负责信息处理的脑组织——灰质在儿童期内不断变厚，因为神经元不断伸出树枝状的树突和其他神经元建立新的连接，这便是树状分枝末梢的形成过程。

刺激、经历和重复发生的感觉对于新神经通路的形成都有作用。我们可以用突触的迅速增长来解释青少年为何善于快速学习新知。无论是操作电视遥控器还是说汉语，孩子们都能快速掌握。但是，过量灰质也会导致某种认知失调，让大脑难以从各种“噪声”中辨识出真正的信号。因此，当发育进入青春期末期时，大脑便开始修剪多余的突触，精简神经元之间的连接。

突触有两种：兴奋性的和抑制性的，前者启动下一个神经元，后者则叫停下一个神经元的活动（见图 3-2）。

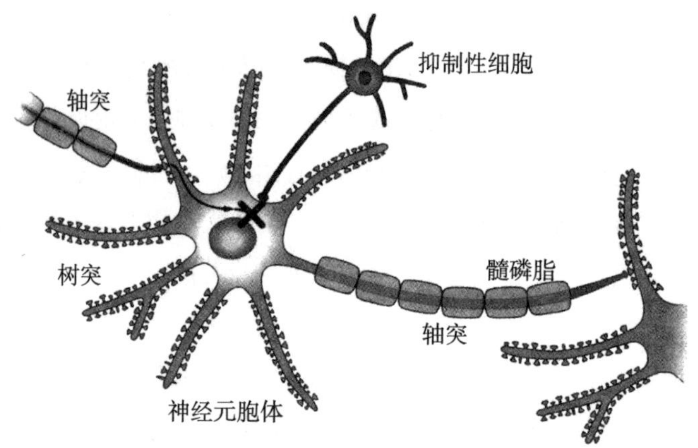

图 3-2　抑制性细胞可以终止信号的传递过程

抑制性细胞向下一个神经元的树突棘释放抑制性神经递质，该神经元随即被“关闭”，信号传递过程终止。

资料来源：Created by the author, artwork by Mary A. Leonard, Biomedical Art and Design, University of Pennsylvania.

突触到底是兴奋性的还是抑制性的取决于轴突释放出的神经递质，以及树突棘上接受神经递质的受体。我们可以想象不同的神经递质拥有不同形状，如方形或圆形，那么接受相应神经递质的受体就必须拥有与其互补的形状，这样两者才能匹配。我们无法把方形木块塞进圆形的孔中，同理，具有特定形状的神经递质“钥匙”只能和形状完全互补的受体“锁”匹配。这样突触就不会混淆不同的信息。此外，星形胶质细胞也会迅速清除残余的神经递质以确保信息传递无误。这一过程只需几毫秒，因为脑细胞之间的信息传递必须迅捷、清晰。

一旦神经递质和接受信息的神经元上的相应受体绑定，一系列连锁反应便会启动（见图 3-3）。突触被激活或抑制后，突触树突端的许多蛋白立即开始工作。传入的信号必须经树突传至神经元胞体。如果传入的是兴奋信号，胞体会发出正电荷，反之，则发出负电荷，进而命令该神经元启动或停止运作。如果是前者，该神经元会发出自己的信号，该信号沿着轴突传递，并跨越下一个突触，依此类推。一个神经元可以拥有上万个突触，而且每秒可以发出一千次电脉冲。我们眨一下眼只需要十分之一秒，但就在这短短的时间里，一个神经元可以将一个信号同时发送给数十万个神经元。

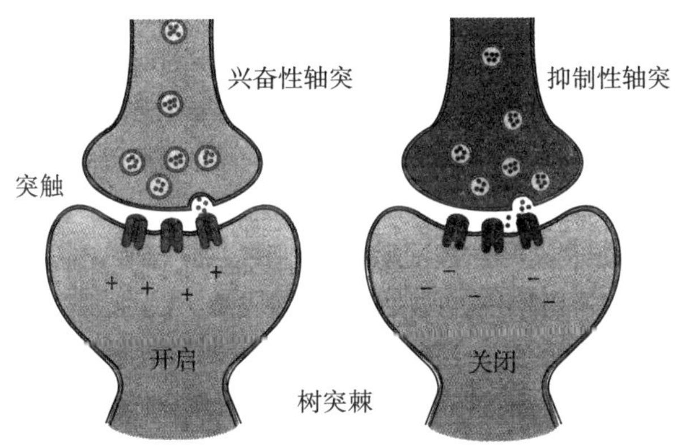

图 3-3　兴奋性和抑制性突触

兴奋性轴突释放兴奋性神经递质，如谷氨酸盐，这些神经递质与下一个神经元的兴奋性受体绑定，“激活”该神经元。抑制性轴突释放抑制性神经递质，如 γ- 氨基丁酸（GABA），这些神经递质与下一个神经元的抑制性受体绑定，“关闭”该神经元。

资料来源：Created by the author, artwork by Mary A. Leonard, Biomedical Art and Design, University of Pennsylvania.

常见的兴奋性神经递质有肾上腺素、去甲肾上腺素和谷氨酸盐。像 γ- 氨基丁酸和 5- 羟色胺这样的抑制性神经递质则充当抗焦虑的营养物质，它们能让身体放松和冷静下来。5- 羟色胺的缺乏会导致攻击行为和抑郁。多巴胺是一种很特殊的神经递质，因为它兼具兴奋和抑制作用。它还和肾上腺素及其他几种激素一样，也是一种激素。当它作用于肾上腺时，就是激素；当它作用于脑时，就是神经递质。作为大脑的化学信使，多巴胺能够激励我们，让我们产生驱力，集中精力完成特定活动，因为它是人脑奖赏回路的一部分，是让你产生"我一定要得到它"这种念头的神经化学物质。它不仅能驱使我们为了实现特定目标而完成一系列活动，而且还可以在特定情况下导致成瘾。无论我们的欲望来自餐桌还是赌桌，交易所还是卧室，大脑内的多巴胺越多，奖赏回路就越活跃，我们所能感受到的欲望也就越强烈。比如，科学家发现，高热量食物能够提高大脑内多巴胺的水平。为什么？因为高热量食物能增加我们的生存概率。当我们渴望冰激凌、赌博或性的时候，我们或许并非在渴望甜食、金钱或性高潮，而只是在渴望多巴胺。

就大脑的"执行"功能而言，抑制神经元和激活神经元同样重要。能够产生抑制作用的有镇静剂，如巴比妥类药物、酒精和抗组胺药。当我们讨论青少年的头脑时，突触显得很重要，因为随着个人年龄的增长，大脑内突触的数量和种类都在不断变化，它们也会随着大脑所经受刺激的多寡而发生变化。在本书后面有关成瘾的章节里，我们将详细讨论滥用药物和未成年人饮酒对突触造成的影响。

研究者很喜欢用一种名叫"Go/No-Go"的实验来检验被试的抑制功能。在进行该实验时，如果特定字母或图案出现在显示屏上，被试就按下按钮（"Go"反应）；如果屏幕上出现了字母 X，那么被试就不能按按钮（"No-Go"反应）。几项研究显示，在此类实验中，儿童和青少年反应的准确率相当，但反应速度，也就是成功抑制按键动作的速度随着年龄的增加（8~12 岁）显著减慢。换言之，青少年需要更长时间才能想清楚不该做什么。

学习是怎么回事

信号通过神经束，从大脑的一部分传向另一部分。一些神经束通过大脑的核心区域向下延伸，以便和脊髓交换信息。大脑的各个部分就是通过这些神经束巧妙连接起来的，使用特殊脑扫描技术的研究正在迅速进步，这样我们就能搞清楚这些连接的运作机理。电脉冲沿着轴突迅速传递，到达突触，从这一角度来看，轴突和传导电信号的电线很像。为了避免信号在传递过程中衰减，电线需要包裹绝缘层，轴突也是一样。由于我们的大脑内没有橡胶，轴突被一层名叫髓磷脂的脂性物质包裹（见图 3-1）。大脑的正常运行离不开髓磷脂，否则信号无法在大脑的不同区域之间传递，也无法在大脑和脊髓之间传递。我们先前已经提到过，髓磷脂是由少突细胞制造的，因为其脂性成分呈白色，所以我们将其称为“白质”。“抹了油”的轴突能以快过原先百倍的速度传递信号。此外，髓磷脂还有助于缩短突触触发后的恢复时间，进而将神经信号的传递频率再提高 30 倍。研究者估计，上述两大因素的叠加相当于把神经网络的“带宽”提高了 3 000 倍。髓磷脂也是多发性硬化的攻击目标，患有该病的患者的白质会时不时地发炎，所以他们会间歇性地丧失诸如行走这样的机能。

婴儿刚出生时，其大脑皮层几乎没有髓磷脂，所以他们大脑内的神经信号传得很慢，反应时间比较长。不过，婴儿脑干中的髓磷脂覆盖情况已经和成人相当，所以像呼吸、心跳、胃肠蠕动这些维持生命的自主功能已经基本成熟。大脑其他区域之间的连接主要是在婴儿出生后建立的，该过程始于大脑底部和后部的运动和感觉区域。这些区域的神经元轴突一旦开始包裹上髓磷脂，婴儿就能更好地处理来自眼、耳、口、鼻和皮肤的各种基本感觉信息。婴儿出生一年后，和视觉等基本感觉以及基本运动机能相关的脑区已基本完成神经束构建工作。所以，孩子差不多要长到一岁时才会走路。婴儿长到两岁大的时候，脑内大部分区域的髓磷脂包裹工作已经完成。不过，对于和语言以及精细运动协调相关的高级区域来说，这一过程主要是在两岁后的若干年里进行的，这个年龄段的孩子特别善于学习语言，精细动作的协调能力特别容易提高。对于更复杂的脑区，特别是额叶，该过程更加漫长，要等个体长到 20 多岁时才能完成。

上面提到的所有学习过程都离不开我们大脑内的驱动力——兴奋。在神经元之间传递的兴奋性信号使得脑内连接建立起来，这是大脑发育所必需的。刺激可以来自脑外，也可以来自脑内，但不管怎样，如果特定神经通路及其突触被重复激活，通路上的所有突触便会被不断加强。因此，一起“触发”的神经元便会“连接”在一起[2]。

在大脑发育过程中，特别是儿童期早期，当成批的神经元、神经通路及其突触被激活后，激活过程就会“开启”神经元里的分子机制，进而促进更多突触的建立，这一过程被称为突触发生。从婴儿期到青春期，突触不断增加，不过增速最快的是儿童期早期。由于突触发生非常依赖神经元的相互刺激，因此，幼儿脑内的兴奋性神经递质和突触多于抑制性神经递质和突触，而在成人脑中，两者的数量相当（见图 3-4）。

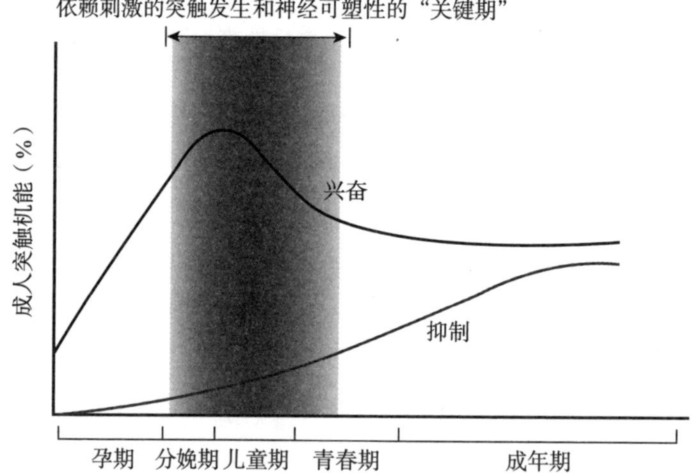

图 3-4　儿童大脑内的兴奋性突触多于抑制性突触

从婴儿期到青春期，突触不断增加，不过增速最快的是儿童期早期。

资料来源：Courtesy of and created by the author.

神经兴奋是学习的关键因素。我们将人生早期这段脑细胞特别容易兴奋的时期叫作“关键期”，此时的学习能力和记忆力特别好。这时候，大脑对刺激和成长特别敏感。不幸的是，大脑发育过程中的过度兴奋也会带来相应风险。因此，儿童更容易患上由于神经过度兴奋而引发的疾病，如癫痫。痉挛是癫痫的主要症状，这是因为过多脑细胞同时触发，无法抑制，进而导致失衡造成的。

正如我们已经看到的那样，树状分枝末梢形成过程，也就是神经元不断互联的进程，在我们出生的头几年里发展最为迅猛，但该过程会一直延续到青春期。女孩的灰质密度在 11 岁时达到峰值，男孩的灰质密度在 14 岁时达到巅峰，然后逐渐减少。

充分连接的大脑才是成熟的大脑

不过在青春期，白质——也就是髓磷脂的增长曲线则是一路向上。美国国家精神卫生研究院（National Institute of Mental Health）的杰伊·吉德（Jay Giedd）及其同事[3]对近千名儿童进行了脑扫描，这些孩子的年龄从 3 岁到 18 岁不等，结果发现了白质的上述增长趋势。基于图 2-4 中的研究，加州大学洛杉矶分校的科学家将青少年（12~16 岁）和年轻成人（23~30 岁）的脑扫描图像进行了比较。他们发现，即便过了青春期，髓磷脂数量依然不断增长，这一过程甚至要延续到个体进入 30 岁以后。届时，大脑内不同区域之间的沟通也将变得更加高效。

如果少了这些由髓磷脂保护的神经连接，来自大脑内某区域的信号，如来自杏仁核的恐惧和压力信号，就很难顺利传递至大脑的其他区域，如负责判断的额叶皮层。而青少年的头脑尚未充分连接，这意味着他们有时会身处险境，不知所措。英国红十字会于 2010 年所做的一项研究证实了这一点。该研究旨在调查青少年在朋友喝醉的紧急情况下如何反应。被访对象的年龄在 11~16 岁之间，超过 10% 的孩子碰到过朋友生病、受伤或喝断片儿的情况。这些孩子中有一半有过不得不帮助一个已经失去意识的朋友的经历。如果把标准放宽一些，90% 的被访者碰到过这样那样的危及朋友的紧急情况，如头部受伤、窒息、哮喘发作或癫痫发作等。44% 的被访者承认自己在面临紧急情况时惊慌不已，近半数（46%）被访者承认自己不知所措。

THE TEENAGE BRAIN **青春期的故事**

15 岁的丹·戈登（Dan Gordon）来自英格兰的汉普郡，《卫报》就上述调查对他进行了采访[4]。戈登讲述了一个亲身经历的故事。有一次，他参加一个在家里举行的舞会，很多年轻人非法饮酒。一个喝醉了的女孩倒在地上，脸朝下，呕吐不止，孩子们一下慌了神。他们只知道不能让女孩窒息，所以就扶起她，让她到外面透透气，等她清醒过来。戈登承认，当时没人想到要叫救护车。换言之，这些孩子的杏仁核拉响了警报，但他们的额叶没有做出响应。他们只是凭直觉做出反应。

我儿子安德鲁在大学期间也碰到过类似情况。一次，他去波士顿的一所大学见女友。结果女友的寝室里还有一位外来访客，一个来自南方的大学一年级女生。等安德鲁和女友回到寝室时，这个女孩已经喝醉了。和戈登一样，这两个孩子吓坏了。他们没有拨打急救电话，没有叫校警，也没有开车送她去医院，而是叫上朋友，把女孩搬上车，开了十几公里路，来到我们家。

“我们不想打电话叫校警。”安德鲁的女友说。我看了看那个被搀扶进来的女孩，她对外界刺激几乎已经没有反应。“她才大学一年级。如果我带她去校医院，我和室友就麻烦了。”

那时候，安德鲁和他女友已经 21 岁了，但那个喝醉的女孩刚刚 18 岁。

“我们要不送她去医院吧？”我说。

“我们不知道她到底喝了多少酒，”另一个孩子说，“我们把她搬上车的时候，她还能说几句话，现在彻底没反应了。”

安德鲁和女友不太清楚这个女孩的具体身份信息。他们早先只是和她打了个照面。她的钱包里有一张南卡罗来纳州某大学的学生证，除此以外，就再没有其他信息了。请她来波士顿的女孩不知所踪。这时候，已经迷迷糊糊的女孩越来越不清醒，随后便呕吐起来。我坚持让孩子们送她去离家不远的本地社区医院。孩子们又把女孩背上了车。15 分钟后，安德鲁的女友打电话来，说医院已经让女孩入院观察。这一晚，那个女孩过得很难受。第二天下午，学校派人接她回去，孩子们顺道到我家取回晚上落在我这儿的东西。那个女孩一脸苍白，十分憔悴，不过情况总算是稳定下来了。她的血液酒精浓度达到了 0.34，是醉驾酒精浓度法定标准的 4 倍，可能危及生命。如果她没被送去医院，如果医生没给她洗胃，并用活性炭避免其身体吸收更多酒精，后果将不堪设想。我把惊魂未定的孩子们领到厨房，打开电脑，给他们看一张显示血液酒精浓度及其对协调机能和意识影响的图表。我指了指 0.4，这个水平的浓度是致命的，女孩儿离鬼门关仅一步之遥。后来我们才知道，这个女孩当晚吃了 17 个伏特加果冻，那还只是她能记起的数字。问她“你当时是怎么想的”已经毫无意义，但我很清楚，这是让孩子们吸取教训、避免恶果的好时机。

THE TEENAGE BRAIN 青春期的故事

醉酒的女孩最终恢复了，希望她能吃一堑长一智。这个孩子是幸运的，因为糟糕的决定往往会给青少年带来灾难性的后果。2008 年新年前夜，在美国马萨诸塞州的马布尔黑德，16 岁的本内特·巴伯（Bennett Barber）去朋友家里参加聚会。晚上 11 点 30 分，一阵狂饮后的巴伯独自踏上了回家的路。外

> 面下着大雪，寒风刺骨，风速达每小时50千米。只穿着牛仔裤和运动鞋的巴伯踉踉跄跄，摸不清方向。虽然距离他家只有800米远，但他却迷路了。室外的温度已经跌至零下十几度，扛不住严寒的巴伯最终面朝下倒在了路边雪堆里。凌晨3点，巴伯的母亲打电话报警，搜救随即展开。几小时后，一个消防队员在雪地里找到了一个酒瓶，然后顺着一串模糊的脚印继续搜索。被发现时，巴伯已经体温过低，处于半昏迷状态。他的一只鞋子和一只袜子也不见了。救护车把这个高中冰球运动员送到了马萨诸塞州综合医院，他当时的核心体温只有31度，右脚似乎已经被冻硬了。医生先是将其隔离，设法提高他的体温，然后把他送进烧伤科接受对冻伤的进一步治疗[5]。

搜寻人员花了很长时间才找到巴伯。原来他一直躲着警察。警方的报告提供了更多细节：

> 他记得自己看见了警灯，看见了手电的灯光。他告诉父亲说，只要有人拿着手电经过，他就会躲起来，因为他不想因为非法饮酒而惹上麻烦。

巴伯参加的聚会是一个女孩趁爸妈不在家时偷偷举办的。那个女孩起初告诉警察说，巴伯到她家的时候已经喝醉了，还说她陪巴伯走了一段路。直到凌晨5点，她才供出真相。原来，当晚有十几个未到合法饮酒年龄的青少年在她家狂欢，很多人喝了酒。晚上11点30分，她开始清场，因为父母很快就要回来。两个女孩说送巴伯一程，“但巴伯喝得太多了”，于是她们又把巴伯扶进屋里，把他晾在一边，自己忙着帮朋友打扫房间，之后就再也没人见过巴伯。

除了饮酒，导致这一悲剧的因素还有巴伯及其朋友的错误决策，女孩为了掩盖真相而编织的导致搜救延误的谎言，当然还有巴伯的故意躲避。这些孩子完全没有大局观。

科学家告诉我们，一个人只有摆脱自我的视角，才能看清全局。但这一机能是由额叶和前额叶负责的，其形成需要耗费大量时间。大脑内发生的巨大变化是让青春变得生机勃勃的一大原因，但可塑的、尚未成熟的头脑又让青少年置身于危险之中。什么事都可能发生，很多厄运会降临。虽然青少年已经长得像成人，他们的很多想法和成人相似，他们的学习能力让人惊叹，但了解他们在认知、情绪和行为上的局限，明白他们在哪些方面有所欠缺，是极其重要的。

THE TEENAGE BRAIN

名词解释

动作电位：神经元沿着轴突传递信息时产生的电脉冲。

树突：神经元用于接收信息的树枝状部分。树突和相邻神经元的轴突接触，突触往往在树突棘上。

轴突：神经元的一部分，负责将神经冲动传往突触，再由突触向其他神经元传递化学信号。

神经递质：神经元释放的化学信使。被释放后，神经递质穿越突触间隙，抵达相邻神经元的受点。

神经胶质：一类辅助性细胞，有助于髓磷脂的生产，其中包括能够吸收已死神经元的某些部分的星形胶质细胞。和神经元不同，胶质细胞不传递神经冲动。

星形胶质细胞：脑和脊髓内的星形细胞，是脑内数量最多的细胞，负责多种机能，如为神经组织提供营养、修复脑和脊髓内的受损细胞。

谷氨酸盐：大脑内主要的兴奋性神经递质，对于记忆形成和学习尤为重要。

γ－氨基丁酸：抑制突触内活动的一种神经递质。如果大脑对刺激反应过度，这种神经递质能发挥重要的抑制作用。

肾上腺素：由强烈情绪（如恐惧和愤怒）触发肾上腺释放的一种激素，这种激素能将能量引向肌肉，让心跳加速，使身体做好“战斗或逃跑”的准备。

多巴胺：一种有助于控制大脑内奖赏中枢和愉悦中枢的神经递质。

突触发生：新突触形成的过程，虽然该过程贯穿人生各个阶段，但主要集中于婴儿期、儿童期和青春期这几个关键发展阶段。

树状分枝末梢形成过程：树突及其分枝的生长过程。

前额叶：额叶最前端的部分，位于额头后侧，负责调控社会行为、决策和人格表达等多种机能。

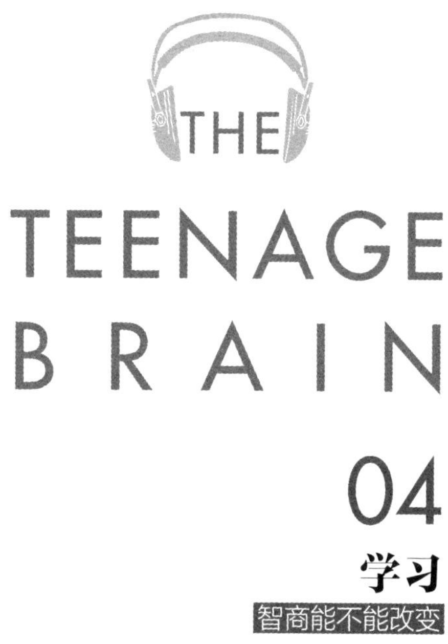

04 学习

智商能不能改变

“我到底做错了什么？”

很多家长会向我提出这样一个问题。但在此之前，他们常常会惊叹：

“我的孩子怎么会做出这样荒唐的事情来？”

很多家长在听完我的讲座后会找我咨询，写电子邮件给我，甚至在杂货店里拦住我倒苦水。他们中的大多数感到精疲力竭，而且又气又恼。他们提出的问题是上述问题的不同翻版：“我女儿怎么会在半夜里偷偷溜出去约会，她整个周末都和男友粘在一起，难道这还不够吗？”“我儿子怎么会在朋友家里偷喝对方家长存放在家中的酒，而且还明目张胆地把空瓶留在那里？”

THE TEENAGE BRAIN 青春期的故事

> 我的一个邻居有一个16岁大的儿子。一天，他发现孩子竟然猫在自己的房间里偷偷抽大麻。为了不让大人发现，男孩打开窗户通风。要知道，这可是在冬天，寒风非但没把烟味吹散，而且还让烟穿过门缝，一路飘到楼下的厨房，恰巧我的邻居就在厨房，她真是哭笑不得。
>
> “他怎么会这么愚蠢？”邻居问我。

孩子做出这些荒唐事来，家长的第一反应就是自责，虽然他们也不知道自己哪里做错了。亲生父母觉得自己传给孩子的基因有缺陷；养父母觉得自己的教育方式可能有问题。总之，错在家长。是不是这样呢？我想说，问题不是出在基因或家长的教育方式上，也不是因为青少年在一夜之间变成了让人摸不着头脑的外星物种。

> 青少年的特别源于他们的头脑，源于该发展阶段大脑发育所具有的两个不寻常的特点。与人生其他阶段的大脑相比，青少年的大脑马力更足，但同时也更脆弱。虽然他们学习新知的速度很快，但他们的大脑正在不断削减灰质，修剪神经元。神经可塑性让这两种看似矛盾的特征同时存在。

通过训练改变头脑

我十几岁时就已经在思考有关大脑的问题了。一个人的成长环境对大脑发育有影响吗？大脑的发育过程是怎样的？大脑是不是和身体的其他部分一样，能够根据内外环境的变化而发生改变？我很喜欢思考这些问题。进入大学后，我又想起了它们，不过这次我似乎找到了一些蛛丝马迹。

高中的一个暑假，我去智力迟钝公民协会（Association for Retarded

Citizens，简称 ARC）的格林威治分部做志愿者。该组织旨在帮助那些智力发育迟滞或有其他发展障碍的儿童。参加该协会活动的不少孩子患有唐氏综合征，虽然他们的能力有高有低，但基本都能自主活动。他们会游泳，能够参加一些剧目的排练，有些人甚至学会了读写。由于格林威治富人云集，因此不仅智力迟钝公民协会的本地机构获得了很多资金，就连受帮助的孩子也大多家境殷实。我至今都无法忘记一辆豪车专程接送患儿的场景。这些孩子的成长环境非常丰富，他们的智力发育得到了很好的促进。虽然他们病得不轻，但很活跃，喜欢问这问那，对很多事情都有兴趣，不少孩子大体掌握了阅读和算术能力，其智力水平和同龄的孩子已经十分接近。我知道，他们不只是在智力迟钝公民协会里过得很开心，回到家后，他们还要接受各种理疗和专门辅导。

另一些患儿可就没有格林威治的那些孩子那么幸运了。就读于史密斯学院时，我每周都会花几小时去贝尔彻敦州立学校（Belchertown State School）提供志愿服务。这家拥有 70 年历史的州立机构离我的学校只有几千米远，专门收治智障人士。病人中既有儿童，也有耄耋老人，很多人一辈子就待在这个地方。该机构于 1992 年关闭，当时拥有 1 500 位年龄从 1 岁到 80 岁不等的病人，他们生活在 13 个大寝室里[1]。早在 20 世纪 60 年代，一家当地媒体就报道说该机构人满为患，病人的生活条件很差。即便如此，贝尔彻敦州立学校还是一直人手不足。1975 年，我来到这里，但主要是和患儿进行交流。这不是一个让人心情愉悦的地方，屋子里弥漫着一股消毒水的味道，孩子的玩具少之又少，很多孩子似乎有段时间没洗澡了。一些孩子的病情较重，即便是病情较轻的孩子，其智力水平也赶不上智力迟钝公民协会里的孩子。他们呆坐在角落里，不停地晃动身子，很难开口说话，目光呆滞。

当时，有关天性和教养哪个更重要的争论正如火如荼地展开。我所在的史密斯学院的心理学和生物学教授就人格、智力、偏好等个人特征有多少取决于基因（天性），又有多少取决于环境影响（教养）展开了热烈讨论。在贝尔彻敦，我几乎看不见什么积极的环境影响，但在格林威治的智力迟钝公民协会，各种活动、治疗和教学永不停歇，最重要的是，在那里，各种各样的刺激是不间断的。

突然间，我意识到，与智力迟钝公民协会的孩子相比，贝尔彻敦的孩子虽然也遭受着相同疾病的折磨，也有很多坎儿要跨，但他们的处境糟糕许多。至少在我看来，对他们来说，环境似乎是压倒性的决定因素。道理很简单：在智力迟钝公民协会，孩子的大脑不停接受刺激和激励，而贝尔彻敦的孩子则身处缺乏刺激的环境中。

没有两个手指的指纹完全相同或相似，也没有两个头脑完全一样。我们的任何行为、思维、言语和感觉都会影响大脑这个最宝贵器官的发育，而大脑的发育又会引发更多变化，直至没人能把作用和反作用分清楚。我们的大脑基本上是自己长成的。它们不但服务于个体的特定需求和机能，而且还被个体的特殊经历所塑造。在神经科学中，我们将大脑打造自己的独特能力称为可塑性。神经可塑性理论认为，思考、计划、学习和行动都能影响大脑的生理结构和相关的机能组织。

早在苏格拉底所处的时代，就有人相信头脑是可以被“训练”或改变的，就像经过训练的体操运动员能在平衡木上站稳一样。1942 年，诺贝尔奖得主、英国生理学家查尔斯·谢灵顿（Charles Sherrington）写道，人脑就像“被施了魔法的织布机，数以百万计的梭子在织布机上不停穿梭，编织出含有意义的花样，但这些花样不会永存，而是会慢慢分解”[2]。谢灵顿认为，人脑基本上永远处于流动变化之中。

5 年后，美国神经心理学家唐纳德·赫布（Donald Hebb）突发灵感，通过实验对大脑的可塑性进行了一次虽不严格，但却很说明问题的检验[3]。当时 43 岁的赫布在加拿大的麦吉尔大学开展科学研究，他从实验室拿了一些幼鼠回家给孩子当宠物，并让这些小老鼠在家里四处乱跑。赫布想知道，和实验室那些被关在笼子里的老鼠相比，这些老鼠的大脑会不会有什么不同。几周后，他让两组老鼠接受迷宫智力测试：一组老鼠曾经探索过赫布家中的环境，它们可以随心所欲地与同类，或者与赫布和他的儿子互动；另一组老鼠则一直待在实验室狭小的笼子里。结果第一组老鼠的表现明显优于第二组。

20世纪90年代末，研究者已经确认，经历和刺激与大脑的一些特性的变化有关，这些特性包括大脑的大小、灰质容量、神经元大小、树突密集程度以及神经元的平均突触数量。科学家得出结论，个人受到的刺激和体验的经历越多，神经元就越大，树突就越密集，突触数量就越多，灰质就越厚。

1977—1978年，大四的我在尼科·斯皮内利（Nico Spinelli）教授的指导下，写完了人生的第一篇专业论文。尼科·斯皮内利教授供职于马萨诸塞大学阿默斯特分校（University of Massachusetts Amherst），他既是心理学系的老师，又是计算机和信息科学系的老师。当时，他正在做有关视觉皮层可塑性的先锋实验。先前的研究只检查了一些哺乳动物的大脑，这些动物在刺激极少的环境中长大。斯皮内利教授想知道，在“正常”环境中，可塑性是否依然发挥作用。所以，我们让母猫在标准的动物饲养环境中抚养小猫，并对小猫实施“规避”训练。在这些实验中，我们试图让小猫将“安全”和“不安全”的两种刺激分别和两种不同的视觉刺激，即竖条和横条关联起来。关联一旦形成后，小猫大脑内的视觉皮层上，负责相关机能区域的神经元数量也会随之增多。这项研究的结果发表在《科学》杂志上，实验说明，“早期的学习过程使发育中的大脑结构产生了变化”，简言之，经验可以塑造年轻的头脑[4]。

当然，成人的大脑也能被经验塑造。相关领域的研究者发现，即便是在人生的最后几十年，大脑也是可以被重塑的，只不过和儿童以及青少年比起来，这一过程的难度较大，发生的频率也不太高。儿童的大脑几乎能对任何刺激做出反应，并产生相应变化，而对成人来说，大脑的可塑性仅仅发生在特定行为背景下。比如，伦敦市内的道路像迷宫一样复杂，科学家发现，伦敦出租车司机大脑内的海马，特别是负责视觉记忆的区域比常人大[5]。小提琴家和大提琴家的手指非常灵活，他们的运动皮层比常人更强大。麦吉尔大学的帕特里夏·麦金利（Patricia McKinley）几年前做了一个非凡的实验。这项研究显示，学习探戈能提高老人（68~91 岁）在两个不同认知任务之间进行切换的能力，因为跳探戈既需要复杂的运动控制能力，也需要高精度的平衡感[6]。所以，“可塑性”和“学习”其实是一回事。

人生的头几年是可塑性发挥作用的关键时期，此时的婴儿学习能力很强，学习速度很快。进化专家相信，这一特性有助于婴儿尽早适应自己的成长环境。这和我们先前提到的印刻效应十分相像，小鸭子总是紧跟母鸭，有样学样。我 5 岁时见证过这种效应，只不过当时的我没有意识到这一点。那一年复活节，我的小弟弟刚刚出生。也许是因为这个原因，我父母的朋友送给我一只小鸡，让它成为我的“小宝贝”。父母可没料到他们的朋友还有这一出戏码。我很喜欢这个毛茸茸的小家伙，它也跟着我到处跑，穿越厨房和餐厅的弹簧门，甚至跟我跑到屋外的花园里，我觉得这很神奇。由于我们几乎形影不离，小家伙一定是把我当成自己的妈妈了。许多年后，我给自己的儿子读伊斯门（P. D. Eastman）所写的《你是我妈妈吗？》（*Are You My Mother?*）。这基本上就是一本有关印刻效应的书。鸟妈妈孵出小鸟后外出觅食，一只小家伙离开鸟巢，开始了一段神奇的旅程。一路上，它碰到小猫、母鸡、狗、母牛、汽车，甚至还有大块头挖掘机，每次它都会问对方“你是我妈妈吗”。幸运的是，挖掘机把小鸟放在自己的铲斗里，把它送回了真正的母亲身边。

当然，我家的小鸡只有我这个 5 岁大的“妈妈”。很不幸，这个故事最终以悲剧收场。复活节过去一周后的那天，我从幼儿园回到家中，小鸡宝贝又跟着我到处跑。但这一次，它没能成功穿越那道弹簧门，被活活挤死了。我一连哭了好几天。

13 年后，刚上大学的我为一门高级生物课设计了一个小鸡印刻实验。为了让它们对声音产生印刻效应，我每天让参加实验的小鸡听特定频率的音调，并持续了一周时间。训练结束后，小鸡被放到跑道上，我给它们听两个不同频率的音调，其中一个是它们极为熟悉的。结果，所有小鸡都跑向了播放熟悉音调的声源：它们对这一频率的音调产生了印刻效应。我之所以能记住那么多细节，是因为母亲在实验期间来看我，她还用打字机帮我把实验结果打了出来！

重复即学习

但学习到底是如何发生的呢？无论我们的年纪是大是小，大脑的工作机理都差不多，它需要接收来自听觉、视觉、味觉、触觉和嗅觉的各种感觉信息。感觉信息通过突触，经由神经网络进行传递，并被暂时存储在短时记忆中。短时记忆的内容不停更替，因为只要我们醒着，各种感觉信息就会不断涌来。大脑在短时记忆区域对信息进行加工处理，然后将其与以往的记忆进行比照，如果两者匹配，那么新信息就是冗余的，将被抛弃（大脑空间有限，十分宝贵，重复的信息无处存放）。如果信息是新的，大脑会将其送往若干长时记忆存储区域中的一个。虽然感觉信息的传递几乎瞬时完成，但该过程并不完美。就像开着的电视机偶尔会出现扭曲的画面一样，沿着神经元轴突快速传递的感觉信息也会出现衰减和丢失的现象。因此，我们的记忆并不完美，而是存在漏洞和断层，我们偶尔会无意识地用错误信息对其进行填补。

大脑生来就特别善于掌握新信息，学习不就是获取新知的过程吗？神经元之间的活动越多，或兴奋程度越高，连接它们的突触就越强壮。所以，大脑的成长是各种活动的结果。实际上，年轻头脑内的兴奋性突触多于抑制性突触。

信息在大脑内重复的次数越多，相关神经元就会变得越强大，它们之间的联系也会变得越紧密，就像林中小道越走越清晰一样。无论是记忆上班路线，还是学习如何在智能手机里添加联系人，学习的频率越高，学习的时间离现在越近，新技能或信息被回忆或使用的机会越多，新知就越不容易被我们忘记。学习的神经机制有赖于突触，在这小小的缝隙中，一股股信息以电信号或化学信号的形式接力传递。上述神经连接的建立需要突触两端的神经元都被“激活”，也就是同时处于兴奋状态。当输入信号的兴奋水平超过一定数值时，接受信息的神经元会被触发，并启动被称为长时程增强（long-term potentiation，简称 LTP）的分子过程（见图 4-1）。该过程会让突触，即相应的神经连接得到加强。长时程增强是一连串复杂事件，它始于突触，终于突触，涉及分子、蛋白质和酶。

长时程增强从某个神经元轴突末端释放主要的兴奋性神经递质谷氨酸盐开始，这些神经递质穿越突触，到达另一个神经元的树突。谷氨酸盐直接参与了让突触变大变强的过程。它是怎么做到的呢？谷氨酸盐扮演了催化剂的作用，它能触发一连串反应，这些反应最终打造出更大、更强的突触，即神经通路中的连接。一旦神经元受体被谷氨酸盐“解锁”，钙离子就会被释放进突触。而钙离子能激活许多分子和酶，并与特定蛋白质发生交互作用，改变后者的形状和行为。这些变化又会改变突触和神经元结构，改变其兴奋程度。钙离子能在几秒至几小时内，迅速改变现有蛋白质，还能让基因制造新的蛋白质，这一过程耗时数小时至数日。结果，突触变得更大、更强，被激活的神经元也能够产生更强的反应。在实验中，我们用电信号的强度来表征神经反应的强度，长时程增强实验一般都采用此种测量方法。如果将“训练”前后的反应强度加以对比，我们会看到，后者显著大于前者。实际上，当你阅读本书、学习这些新知识的时候，新突触就正在你的大脑中形成。学习开始几分钟后，大脑内的突触就开始变大，短短几小时内，它们就能形成更为牢固的形态（见图 4-2）。

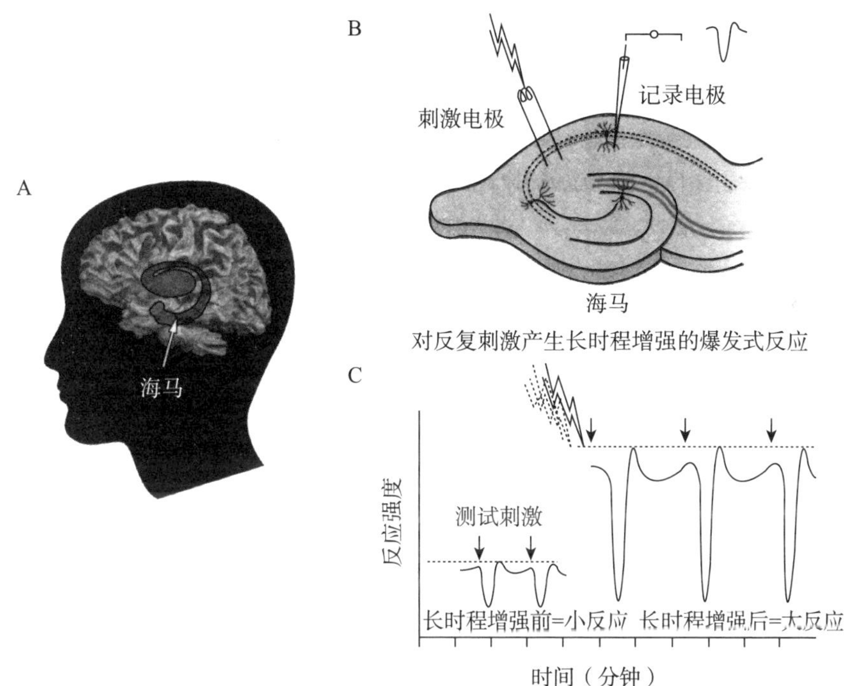

图 4-1　长时程增强被广泛用于解释有关学习和记忆的“练习效应”

A. 海马位于颞叶。B. 啮齿类动物的海马切片脑细胞活动记录显示，持续刺激过后，细胞信号特征发生了变化。C. 在长时程增强实验中，神经元最初会对刺激反复做出较弱的反应，直到一次爆发式的反应（相当于“练习效应”），神经元对原刺激做出的反应大幅加强，就好像“记住”或“熟悉”了这种反应。

资料来源：Created by the author, artwork adapted by Mary A. Leonard, Biomedical Art and Design, University of Pennsylvania. Brain image courtesy of and with permission from John Detre, MD, and Paul Yushkevich, PhD, University of Pennsylvania.

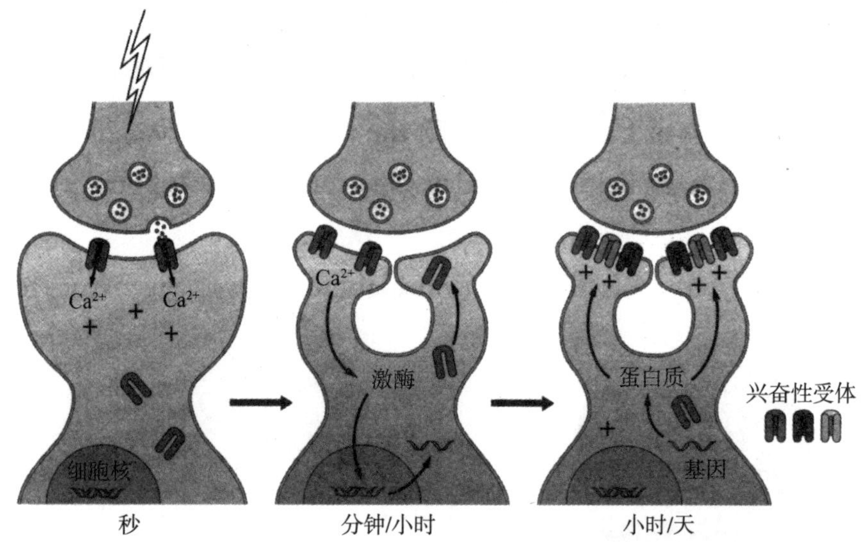

图 4-2 学习、记忆和长时程增强过程中，突触中的受体数量增加

长时程增强发生后，原先只能引发较小反应的轴突信号能引发更强的神经元反应，这是因为随着时间流逝突触变大了。

资料来源：Created by the author, artwork adapted by Mary A. Leonard, Biomedical Art and Design, University of Pennsylvania.

要不是因为已经离世，约翰·埃克尔斯（John Eccles）很可能因为早年有关突触的研究而获得诺贝尔奖。当年，埃克尔斯想搞清楚，突触发生变化到底需要多少刺激，他写道："为了产生可测量的突触变化，我们需要长期使用或不使用某项技能，这可能是学习过程最让人不满的特征。"[7] 埃克尔斯没有意识到，学习过程中的多次重复看似很无聊，但此时的大脑正在工作，在学习和掌握知识。经过重复刺激后，神经元能对原来的刺激产生大得多的反应。就这样，大脑回路完成了"学习"过程。知识在大脑内"嵌"得越深，我们就越容易回忆和使用它们。就像障碍滑雪赛一样，选手们挨个滑下山坡，尽力选择最短的路线，在雪面上留下一道道辙痕。当最后一个选手开始比赛时，雪面上显示最短路线的辙痕已经印得很深，选手根本无法另选路线，当然他不需要，也不想这么做，因为他不用动脑子，就能沿着最快的路线下山。

一些儿时建立的没用的突触会被修剪掉，这一过程在青春期的中后期开始加速。科学家将这一阶段称为“神经达尔文主义”，因为突触同样遵守“适者生存”原则，只有那些使用得最多的突触才能生存下来。为什么在许多认知和行为机能尚不成熟的发育阶段，灰质就开始减少了呢？过去几年里，研究者发现，青少年大脑内灰质的减少与白质的增加直接相关（见图 4-3）。科学家知道，灰质的减少贯穿于整个成年期，特别是当个体年龄超过 60 岁以后。不过，科学家也相信，青少年大脑内灰质的减少性质不同。老人灰质的减少属于退行性变化，细胞在不断缩小、死亡，青少年灰质的减少则是大脑可塑性的产物，即“用进废退”。

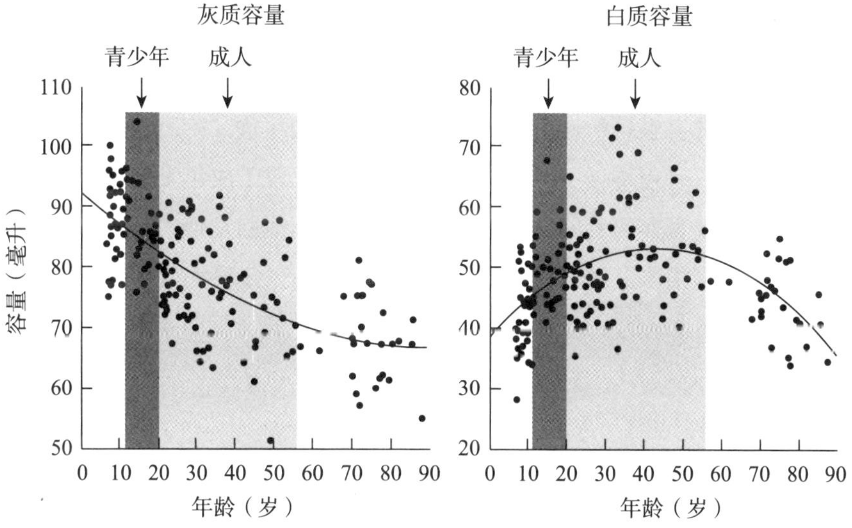

图 4-3 人生不同阶段灰质和白质的发育差异

与成人相比，儿童和青少年拥有更多的灰质和突触，随着个体年龄的增长，大脑会为了提高运作效率而把不需要的连接修剪掉。不过，老人的白质同样会减少，这会导致与年龄相关的认知问题，如记忆力衰退，以及一些疾病，如老年痴呆症。

资料来源：Courtesy of and with permission from Arthur Toga, Institute of Neuroimaging and Informatics, Keck School of Medicine, University of Southern California.

加州大学洛杉矶分校的研究者不仅发现有效的修剪过程能够提高大脑的运行效率，而且还发现，较高水平的智力同儿时的持久高速神经生长以及后续的青春期大幅突触修剪密不可分[8]。事实证明，**精简反而能产出更多。**虽然青春期看起来乱乱的，但青少年的大脑正在打造更精干、更高效的成人心智“机器”。和儿童以及青少年相比，成人拥有一大优势：其白质连接得更为广泛，这意味着，他们大脑中各区之间，如额叶和其他脑区之间的信息传递速度更快。

青春期正是学习的黄金时期

突触发育领域的科研成果中真正值得关注的新闻是，青少年非常善于学习。大家可千万别觉得这是理所当然的！青少年大脑内发生的长时程增强的确更为强劲。这种特性同样适用于动物，科学家想知道，这是不是因为年轻头脑的突触可塑性更强，毕竟兴奋性突触在这一阶段迅速增加，而此类突触是长时程增强所必不可少的。科学家比较了成年大鼠和年轻大鼠的脑切片，以观察两者的长时程增强有何不同。他们发现，后者的长时程增强比前者强很多。经过相同的“训练”刺激后，年轻大鼠脑切片中突触的数量是成年大鼠的 1.5 倍，突触维持的时间也更长（见图 4-4）。

THE TEENAGE BRAIN

致家长

这意味着，青少年更容易记住新知识，而且记忆维持的时间更长。我们不应忽视这一事实！家长应该努力发现这个年龄段孩子的强项，并尽力培养。如果孩子在学习或情绪方面存在障碍，这也是最佳的补救时机。

A NEUROSCIENTIST'S SURVIVAL GUIDE TO RAISING ADOLESCENTS AND YOUNG ADULTS

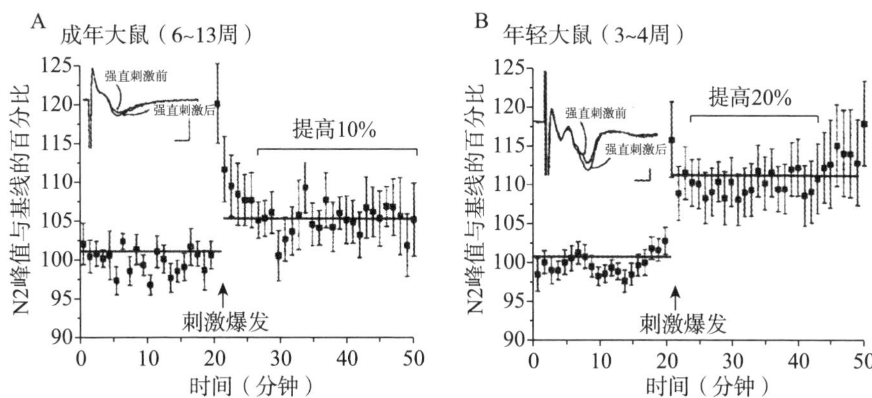

图 4-4　青少年的突触可塑性比成年个体强得多

为了搞清楚青少年是否因为拥有更强的长时程增强而比成人更善于学习，研究者比较了成年大鼠和年轻大鼠的海马切片。经受一段时间的重复刺激，年轻大鼠脑切片的信号（B）比成年大鼠（A）强很多，信号的持续时间也更长。

资料来源：Reprinted from N. L. Schramm et al., "LTP in the Mouse Nucleus Accumbens Is Developmentally Regulated," *Synapse* 45, no. 4 (Sept. 15, 2002), 213-19, copyright © 2002 WileyLiss, Inc..

很久以来，人们一直认为，孩子在小学期间测得的智商水平一辈子都不会再改变。事实并非如此。确凿的研究数据显示，青少年的智商水平会发生变化[9]，这一点出乎很多人的意料。从 13 岁到 17 岁，有三分之一的孩子智商保持不变，三分之一智商下降，还有三分之一智商显著提高。脑扫描也印证了相应的智力水平变化。如果孩子的语言能力提高，他们大脑中部的相关灰质会增厚。如果孩子的非语言能力提高，他们大脑中与双手运动相关区域的灰质会增加。让人抓狂的是，研究者并未跟踪那些智商水平提高的孩子这些年来都干了什么。我们很想知道他们的健脑秘方。不过至少，我们已经知道了哪些因素会导致智力水平下降，我们稍后再详细探讨这一话题。

科罗拉多大学行为遗传学研究所的研究者最近发现，与低智商的孩子相比，高智商孩子的快速学习阶段更长[10]。虽然这段延长的学习期未必能让孩子拥有更高的智商，但却能为他们提供潜在的长期益处。青少年需要明白，他们的头脑正处于学习的黄金期。

别把大脑当借口

当然，脑子稀里糊涂的青少年经常闯祸，即使知道上面这一点也解不了燃眉之急。因此记住以下内容非常重要。

THE TEENAGE BRAIN

致家长

虽然就学习而言，青少年的头脑非常高效，但在其他一些方面，如专注、自理、持之以恒以及情绪控制方面，其机能还不成熟。所以，你一定要牢记，让他们“一次只做一件事”，不要一股脑儿地给他们下达各种指令。因为，虽然他们看起来能并行处理多项任务，但其实并不精于此道。事实上，仅仅是提醒他们停下来想一想需要做些什么，以及何时做这些事，孩子大脑内多任务并行处理区域的血流量就会增加，他们的相关能力也会渐渐增强。教导孩子的时候也是一样。你应该把给他们的建议或指令写下来，而不只是口述，而且每次的要点数量不要超过两个。为了帮助孩子管理好自己的时间，安排好各项任务，你还可以给他们准备一本台历，鼓励他们把自己的日程安排写在上面。他们可以通过这些练习训练自己的头脑。

A NEUROSCIENTIST'S SURVIVAL GUIDE TO RAISING ADOLESCENTS AND YOUNG ADULTS

也许，最重要的事情就是给所有的事情设限。精力充沛的青少年还不具备这种脑功能。你要和他们说清楚，每天最多只能花多少时间通过网络或电话进行“虚拟社交”。我建议最好把这段时间控制在每天一两小时内。如果孩子做不到，你就应该没收他们的手机、iPod，或规定他们只能在写作业时使用电脑。此外，你一定要知道他们所有账户的用户名和密码。

THE TEENAGE BRAIN

致家长

当然，孩子们开始行动并不意味着他们马上就能做得很好。事实上，他们偶尔会守不住底限，甚至在很多时候都会如此。所以，你必须持续跟进，经常督促他们做作业，监督他们把电脑用在正道上。你越用心，孩子面临的诱惑就越少；诱惑越少，孩子的大脑就越有机会学习如何在没有持续干扰的情况下高效运行。

A NEUROSCIENTIST'S SURVIVAL GUIDE TO RAISING ADOLESCENTS AND YOUNG ADULTS

如果孩子情绪失控，那么你可以在做出任何反应前先默数到10，这能让你保持冷静。发飙或是把孩子依然当成耍无赖的婴儿，都是不可取的。青少年以为自己是成人，虽然我们知道他们还不成熟，但如果你一直把他们当小孩来对待，那么他们就真的很难成熟起来。作为医生和科学家，我会把孩子叫到身边，让他们坐下来，并且冷静地告诉他们：“虽然你们不觉得自己不理性、冲动或过度敏感，但让我来解释一下你们头脑的不足。”阅读完本书后，各位也能像我一样，用数据来说服孩子们了。请相信我，这招真的管用。不光是对我的儿子，对其他听过我讲座的青少年同样有用，这是千真万确的。实际上，他们被神经科学迷住了。他们生活中一些原本说不清道不明的剧烈变化竟然能以逻辑和理性的方式加以解释，这实在是太神奇了。当然，这种劝导方式也有风险，孩子们也可能把这套理论当枪使。

如果你儿子偷偷把你的车开出去，直到半夜里才回来，他可能会对你说：“是我的大脑让我这么干的。”

“不，”你必须对孩子说，“这套理论只是一种解释，而不是借口。”

青少年很清楚自己不是完全受外力掌控的机器人，这意味着他们有能力，也有责任及时修正自己的行为。所以，你必须不断提醒他们别忘了自己的责任，告诉他们，不能把脑科学作为懒惰、愚蠢、非法行为和不道德行为的借口。这套理论是用来鼓励他们学习更多知识、吸取更多教训的。当我听到像丹溺亡这样的故事时，会把儿子叫到身边，把事情的来龙去脉告诉他们，并帮助他们分析整个事件发生的原因，你也可以像我这么做。你不能期望他们会自然而然地明白发生在别人身上的事也可能会发生在他们自己身上，所以你要把话说明白，说透。一直以来，我都是这么做的，以至于孩子们送给我“直白队长”这个称号。

儿童和青少年的大脑具有很强的可塑性，我们可以为该特点找到一个合理解释：生存取决于个体对所处环境的认识，所以，孩子的大脑必须具有灵活性，必须能够根据成长环境的具体特征而改变自己。突触的生长把青少年变成了寻求感官刺激的学习机器。但他们大脑各区域之间的信号传递尚不通畅，这让孩子们的快速成长变得有些危险。从进化的视角来看，开拓思维、学习新知能让人接触生存所必需的有用体验。

对成人而言，髓磷脂在某种程度上让特定脑信号加速传向额叶。收到信息的额叶会抑制诸如渴望跳伞或飙车之类的冲动。当髓磷脂生长加速后，突触修剪就开始了。因此，青少年有一个短暂的时间窗口来体验世界，搞清楚哪些事物或活动能让自己变得更快乐、更健康，或变得如我们所愿的那样——更聪明。这种微妙的平衡让青少年的行为变得有些难以理解。一个二十不到的大学生曾告诉我说，一次，他因为在一条窄路上以每小时 180 千米的速度飙车而被警察截停，还被开了罚单。他感到十分愤怒，不过并不是因为自己被开了罚单。他承认自己超速驾驶，但让他无法接受的是，警察给他安了个“危险驾驶”的罪名。男孩告诉父亲说，他事先认真考虑过这件事，知道自己要做什么，清楚该在什么地方做，甚至专门挑选了一段车流稀少的直路，并在天气状况良好的时候实施计划。然而这么多缜密的思考竟然没让他意识到，无论你事先做过多少细致的准备，飙车本身就是极其危险的。

青少年看似矛盾的行为还有另外一种进化论的解释：伦敦大学学院的科学家邀请 59 位年龄介于 9~26 岁的年轻人参与一项研究。他们被要求猜测一些坏事发生在自己身上的概率[11]。从长虱子到在车祸中严重受伤，总共有 40 件坏事代表着程度不同的厄运。当年轻人猜完这些事发生在自己头上的概率后，科学家会将这些事情发生的真实概率告诉他们，并要求他们对自己碰到这些倒霉事的概率重新评估。如果某件事情的真实发生概率低于原先的估测值，青少年更容易记住真实风险。但是，如果真实风险高于原先的估测值，他们就记不住实际情况了。事实证明，大脑内处理正面信息的区域更多，而处理负面信息的区域主要集中在额叶。换言之，与成人相比，**青少年处理负面信息的能力较弱**，所以，要他们忍住不做危险的事情，或吸取以往的经验教训，是比较困难的。

一旦人到中年，突触可塑性以及学习过程就需要个人投入更多的努力。随着岁月的流逝，日子总要归于平淡，大脑的发育也是如此。一个曾是高中摇滚乐队电吉他手的中年人很难在45岁的时候重拾乐器。25年前，与弹奏吉他相关的神经元不断被激活，但在他成人后，这些神经元便长时间休眠，很可能已被遗弃，就像那把被丢在阁楼上的电吉他一样。成人脑内的谷氨酸盐、多巴胺以及相关受体的数量均较少，所以他们的认知弹性就变差了。

但请不要把这些告诉我父亲。虽已年过九十，但他依然思维活跃，平板电脑是他最心爱的玩具，几乎从不离身。他时不时地给我发邮件，把医学文章的一些片段剪切下来，附在邮件后，并写信对我说：“我想你会对这些感兴趣。”我父亲的脑子没有闲下来的时候，互联网给他带来了足够多的刺激，让他了解时事新闻。如果我父亲早生二十年，我不知道他现在会干什么，或者能干什么。我母亲也九十多了，她喜欢在平板电脑上玩纸牌游戏，因为这样就不用洗牌了。母亲在英国长大，第二次世界大战期间曾在英国情报部门工作，她的思维依旧清晰。虽然儿童或青少年大脑的可塑性最强，但直至生命终结，大脑的塑造过程都不会停止。这可是个好消息。**你学得越多，你的学习能力就越强。**

THE TEENAGE BRAIN

名词解释

长时程增强：大脑可塑性的一种持久形式，也是神经元之间突触信息传递的增强，该作用是学习和记忆过程的主要生理机制。

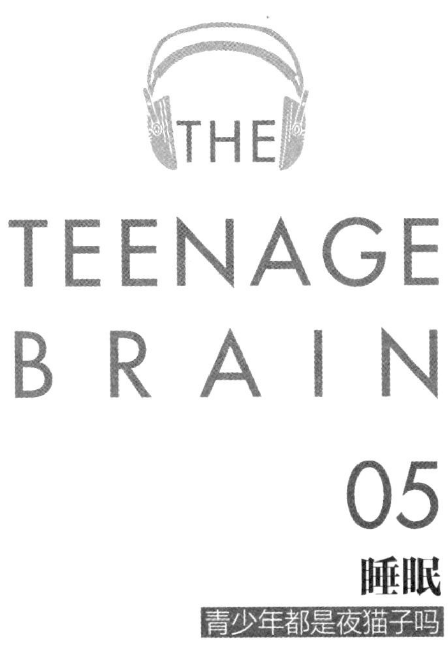

05

睡眠

青少年都是夜猫子吗

“他人懒惰了。”

“她故意不听我的话。”

“他想一整天就这么昏睡下去。”

青少年的父母经常向我抱怨，有件事情让他们很抓狂，那就是晚上很难让孩子早睡，早上又很难把他们拖出被窝。为了让孩子起床，家长们连哄带骗，软硬兼施，有的把孩子的被子掀掉，有的把锅碗瓢盆敲得叮当响，但这些办法都不管用。有个母亲每隔 15 分钟就催一次儿子起床，直至他下床为止。但无论这位女士多早开始叫儿子起床，她儿子永远上学迟到。对她来说，每个早晨都像打仗一样紧张，因为她自己也要赶去上班。一天早上，经过无数次催促的儿子终于起来了，母亲驾车送他去学校。结果，这孩子又在路上睡着了，竟然拒绝在校门口下车！精疲力竭的母亲可不想上班迟到，她只能把车开到公司，把儿子留在车里。中午，她去停车场看个究竟。这次，儿子不但因为有人搅了他的好梦而气恼，而且还说肚子饿了！

如果一个孩子睡成这样，他需要做一下身体检查，这种极度疲倦可能是种病。当然，这是一个极端案例，一些生理疾病会加重个别青少年的嗜睡程度。许多家长认为，孩子之所以晚上不肯睡觉、早上不肯起床，是因为他们懒惰、没规矩，家长还会觉得，这是孩子的一种叛逆表现。我讲这个故事是为了让大家明白，这些归因都不正确，孩子变成夜猫子是完全正常的。至于叛逆，我在后面的章节会详细介绍，会从进化的角度对叛逆进行解释。

还是让我们先来讨论睡眠问题。

只有睡得好，才能学得好

在我们的日常生活中，睡眠是很重要的一部分，也是我们了解很少的一个方面。我们所知的是，睡眠对每个人的健康都很重要。睡眠类型在生命的不同阶段会发生变化，所有物种皆是如此。婴幼儿是早睡早起的“云雀”，属于早睡型；青少年则是晚睡晚起的“猫头鹰”，属于晚睡型，不熬到凌晨，他们很难入睡[1]。睡眠模式受控于多种复杂的脑内信号和激素，而这些信号和激素又受到个体成熟阶段的影响。对大多数物种来说，发育期个体晚睡的倾向会随着个体日趋成熟而变回“早睡早起”。

青少年被迫遵从成人的睡眠模式，每天早起上学。但早起并不意味着早睡，孩子们的大脑并未做出相应调整，而是保持着晚睡的倾向[2]。这会导致青少年睡眠不足。所以，只要一到周末，孩子们又会回归到原有的睡眠模式，很晚才爬起来。如果他们能睡到自然醒，青少年每天的睡眠时间大约是 9~10 小时。但是，如果被逼着早起，他们每天要损失 2.75 小时睡眠，如图 5-1 所示。这会导致慢性睡眠剥夺综合征。

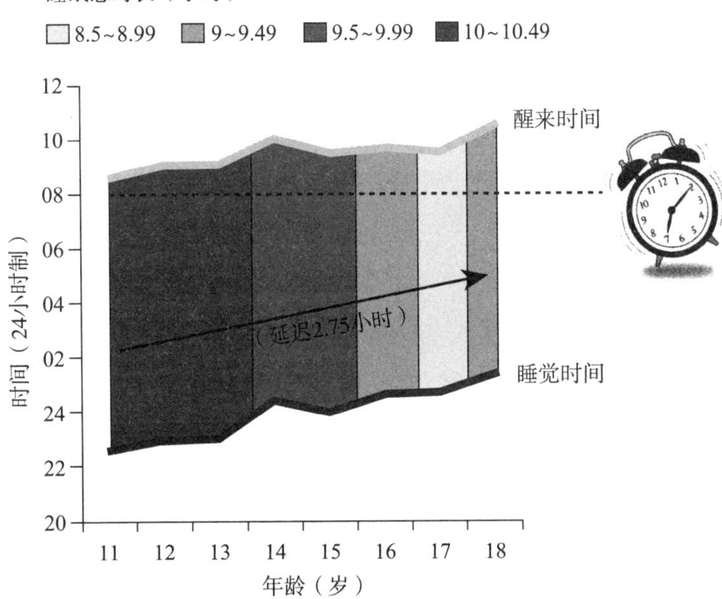

图 5-1 发育对睡眠节律系统的影响

青少年喜欢晚睡。本图将青少年自然作息（周末睡到自然醒）的睡眠时长和上学作息（早上被闹钟叫醒）的睡眠时长进行了比较。

资料来源：Reprinted from M. H. Hagenauer and T. M. Lee., "The Neuroendocrine Control of the Circadian System: Adolescent Chronotype," *Frontiers in Neuroendocrinology* 33, no. 3 (Aug. 2012), 211-29, © 2012, with permission from Elsevier and the author. Additional artwork by Mary A. Leonard, Biomedical Art and Design, University of Pennsylvania.

青少年的大脑内发生了如此多的变化，他们以如此快的速度进行学习，所以，与成人和幼儿相比，青少年需要更多睡眠。我曾在先前的章节中说过，突触修剪在青少年的大脑内加速进行。你觉得这些过程是在什么时候发生的呢？没错，在睡眠中。睡觉不只是让身体在经历一整天忙碌的工作、学习或玩耍后放松休整，它还能让我们回忆当天所经历的事情，记住所学的知识。睡眠可不是奢侈品。科学家认为，记忆和学习在睡眠中得以巩固。所以，对青少年的健康来说，睡眠同空气和食物一样，是必不可少的。实际上，睡眠能增强青少年的消化功能，还能帮助他们应对压力。

科学家通过计算得出了青少年每天所需的睡眠时间——9.5 小时（美国疾病控制和防御中心建议青少年每晚睡 8.5~9.5 小时）。但是，只有 15% 的美国青少年达到了这一标准。更糟的是，大多数孩子每天的睡眠时间不足 6.5 小时。为什么会这样呢？从 10~12 岁开始，孩子的生物钟就开始延迟，这让他们在晚上七、八点钟的时候开始兴奋，并在九、十点钟创造出“不眠区”。但这个时候，家长已经有些睡意了。褪黑素是一种对睡眠非常重要的激素。在晚上，青少年大脑内褪黑素的释放比成人晚两小时。因此，他们喜欢晚睡。但褪黑素在青少年体内驻留的时间又比成人长，所以他们早上起不来。成人早上醒来的时候，体内几乎没有褪黑素，所以他们不会觉得昏昏沉沉。

让孩子早醒的一大不良后果就是挤压他们的睡眠时间。入夜后，能够引诱孩子们不睡觉的东西实在太多了。我们小时候喜欢偷偷拿一本书钻进被窝，然后蒙着被子，用手电照明夜读。现在的孩子可以玩的东西就更多了，他们可以摆弄各种电子设备，特别是用手机发消息，这让原本就不喜欢早睡的孩子更难按时入睡。很多家长挡不住困意的袭扰，早早上床睡觉，但他们睡不安稳，因为不知道没人看管的孩子会干出什么事来。

和睡眠一样，小憩也能加强学习效果。科学家让大鼠走迷宫，它们的脑活动水平随之提高。如果将它们分成两组，一组在探索完迷宫后能得到片刻休息，而另一组却没时间休息，前一组记住迷宫走向的时间会显著长于后者。在波士顿进行的一项研究中，学习者也被分为两组。第一组一连几天在每天清晨学习一项技能。每次学习后，他们的技艺有所提高，这被称为练习效应。不过，每次练习开始时，学习者的技艺与前一天练习结束时相比都会有所退步。这一现象很普遍：练过网球或高尔夫的人都知道，每次练习结束时往往是感觉最好的时候，第二天练习开始时的表现又会变差，这实在是让人抓狂！波士顿的研究者想知道，睡眠能否帮助我们解决这一问题。所以，他们让另一组学习者练习相同的技能，只不过学习的时间放到了每天晚上临睡前。奇怪的事情发生了：这组学习者的技艺没有退步，他们不用费时恢复到前一天晚上的水平，就能直接继续练习！“进两步，退一步”的现象消失了。这些人类研究印证了科学家进行的大量相关动物实验，他们发现长时程增强会受到睡眠剥夺的影响。与睡眠正常的大鼠相比，缺觉的，哪怕是一晚不睡的大鼠，其长时程增强都会相应减弱，两天不睡的大鼠情况更糟。

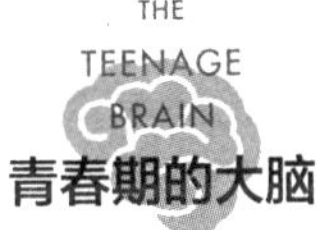

最近，布朗大学的科学家对钢琴学习者展开了研究。他们想搞明白睡眠对运动学习的影响，于是把学习者分成两组，一组学完就睡，一组学完不睡，并比较两组学习者的脑扫描图像。科学家发现，前一组学员的弹奏准确率高于后一组。在慢波睡眠阶段，第一组学员负责协调弹奏动作的运动皮层补充区域活动更为显著。负责该项研究的科学家之一佐佐木勇香（Yuka Sasaki）总结道：“睡觉不是浪费时间。”这句说得很在理。

有助于学习的不只是睡眠，白天的休息也有相似的作用。密歇根大学的研究者[3]让学生做基本的认知能力测试，以使其头脑疲劳。然后，学生被分为两组，一组在植物园中漫步 50 分钟，另一组则在市中心车流密集的街道上步行 50 分钟。休息结束后，两组学生继续接受测试，结果前一组的表现明显优于后者。一周后，研究者把两组学生休息的地点换了换，结果还是去植物园漫步的那组学生表现更好。科学家认为，在闹市街区步行会耗费个人的精力，但在自然环境中漫步能够让头脑放松，让思维自由驰骋。无论是良好的睡眠、午休，还是一天中的若干次小憩，对于将所学知识转化为长时记忆来说，休息都是至关重要的。

哈佛大学医学院和加拿大特伦特大学（Trent University）的科学家对高中生进行实验，他们发现，记忆的巩固发生于睡眠的两个阶段：慢波睡眠和快速眼动睡眠（rapid eye movement，简称 REM）[4]。睡眠周期一开始是入睡程度最深的慢波睡眠阶段。随着年龄的增长，青少年的慢波睡眠时间会减少 40%。快速眼动睡眠发生于睡眠周期的后期，大脑会上演一出出精彩的剧目，通过做梦再度激活所学的知识，并进一步巩固存储的记忆。因此，青少年在考试前睡个好觉非常重要，他们需要用良好的睡眠来巩固复习效果。

不管我说什么，或下达什么指令，儿子威尔总是喜欢打破沙锅问到底。但他最终还是采纳了我的建议。读高中时，他总是在考试前开夜车。我建议他应该在考前适度复习，然后早点睡，保证睡眠质量。他问我为什么，我就把青少年睡眠节律的特点告诉了他。威尔听了我的话，不再通宵复习。他甚至能早起，在上学前把考试内容再看一遍。事实证明，我的建议很有用。威尔高兴地对我说，出色的发挥让他感觉良好，而且他在清晨能更好地理解知识要点，这都是因为他睡了一个好觉，所学的知识在睡眠中被转化为记忆保存起来了。

睡眠不只是加强学习和记忆。圣母大学（University of Notre Dame）和波士顿学院（Boston College）的科学家最近联合开展了一项有关记忆的研究，他们发现，睡眠不仅能巩固记忆，而且还能将记忆拆分成不同组成部分，并根据各部分的情绪重要性对其进行排序和组织。比如，研究人员让被试在临睡前看一张照片，其内容是丛林里的一只老虎。结果，被试更容易记住老虎，而不是背景中的树木。个人最容易记住与情绪（特别是恐惧情绪）相关的信息，我们很容易从进化的角度对该现象进行解释，毕竟在碰到猛兽之类的威胁时，我们需要在肾上腺素的作用下迅速做出反应，跑得越快、越远越好。

每当我给青少年做讲座，告诉他们青春期是学习的黄金时期，特别是在睡眠质量有保障的时候，总有那么一两个喜欢耍小聪明的傻瓜会说："太酷了，既然如此，我只需要在临睡前学习就行了。"我不得不告诉他们："不行，你不能在临睡前学习新知识，因为这时头脑的反应已经不太灵敏，所以你只能用这段时间进行复习。"

过去几十年的研究已经证实了睡眠和青少年学习成绩之间存在联系[5]。在一项研究中，美国明尼苏达州明尼阿波利斯市和伊代纳市的一些高中将上学时间推迟了 70 分钟，从早上 7 点 30 分改成 8 点 40 分，就是这么一个小小的改变，让 7 000 多名高中生的学习成绩有所提高。和维持原来作息的学生相比，这些学生报告说自己睡得更多，成绩更好，而且更少抑郁。肯塔基州杰萨明县的高中将第一节课开始的时间推迟了一小时，学生的出勤率和成绩都提高了。费耶特县的高中也采取了相同的措施，结果出车祸的学生大幅减少，而该州同期的青少年车祸数量却在不断上升。在我大儿子就读的康科德学院（Concord Academy），我的"青少年头脑 101"讲座至少促使校方做出了一项改变，那就是把考试时间从早上 8 点推迟到了上午 10 点。学生的学习成绩随之提高，校方也保留了这一做法。至少这一次，我没让儿子难堪，而是成了他的英雄。

在更大范围内推广延迟上学时间的举措似乎应该顺理成章，但即便这项措施有全新的科学研究数据作为支持，全美大多数学校还是不肯进行相应调整。学校给出的理由是，这样做会打乱课后活动安排，给教师和家长带来不便。但是，明尼苏达大学应用研究与教育改革中心（Center for Applied Research and Educational Improvement）给出的数据显示，在明尼阿波利斯和伊代纳的高中采用全新作息制度后，课后活动并未受到严重影响。活动的安排虽然变得更复杂，但并未出现混乱，而且大多数活动的出勤率基本保持不变。一些学校甚至报告说，睡眠充足的运动员在训练时表现得更好。

几年前，华盛顿大学圣路易斯分校的科学家从另一个方向研究了睡眠和学习之间的关系，即学习如何影响睡眠[6]。实验对象是睡眠节律和人类相似的果蝇。研究人员想知道，如果社交环境变得更为丰富，年轻果蝇的神经系统会作何反应。年轻果蝇被放入一个光照条件良好的大房间里，它们可以自由地和其他年轻同类交流。一段时间后，所有果蝇的神经元都长出了更多的树突，它们的突触数量增加了许多。和被隔离喂养的果蝇相比，它们每天能多睡两三个小时。让科学家感到意外的是，这些果蝇睡醒后，其脑内突触恢复到了原有大小。一个果蝇的脑内有两万个细胞，社交活动丰富且睡眠充足的果蝇只需区区 16 个细胞就能把当天学到的信息巩固为记忆。但是如果被剥夺了睡眠，这些果蝇脑内的突触依然较大、较密。换言之，学习似乎与睡眠时的突触修剪有关，该过程给新突触的生长留下了空间。大脑似乎在利用睡眠提供的时间来挑选当天各项活动中最重要的信息，并将其存入记忆，其他的信息则被删除，上述过程也为大脑保存了能量。资源总是有限的，大脑内的存储空间也不例外。如果一味地增加突触，那么大脑的能力很快就会触碰上限，所有学习过程都会停止。看来，一个人学得越多，就该睡得越久。

睡眠不足有哪些危害

如果青少年睡眠不充足又会怎样？肯定没什么好事。睡眠剥夺会抑制必不可少的突触修剪和信息排序工作。睡眠习惯不佳不仅让青少年身心疲惫，而且会对他们施加长期的不良影响，甚至会引发一些严重问题，如青少年犯罪、抑郁、肥胖、高血压和心血管疾病。研究显示，觉得自己睡不好的青少年会摄入更多软饮料、煎炸食品、糖分和咖啡因。他们花在锻炼上的时间更少，而坐在电脑和电视机前的时间却更多。另一项研究发现，如果青少年在 12~14 岁这段时间里缺乏良好睡眠，他们到 15~17 岁时想到自杀的次数会比睡眠良好的同龄人高出 2.5 倍[7]。

日本研究者发现，熄灯后继续使用手机的青少年不仅缺乏睡眠，而且更容易患上精神疾病，其中包括自残和自杀。美国国家精神卫生研究院的科琳·卡尼（Colleen Carney）通过研究发现，失眠会加重抑郁，而旨在改善睡眠习惯的行为治疗（并非催眠药物）能够降低抑郁症发病率。科学家还没完全搞清楚，睡眠不足和青少年的心理健康问题为何存在上述联系。不过，有一点是可以肯定的，那就是青少年花在手机上的时间比成人多。当然，通话并非手机的唯一用途。美国每天的短信发送量达到了 50 亿条，其中很大一部分是青少年发的，这一点也不奇怪。最近的一项研究显示，青少年平均每人每月发送 3 300 条短信（女孩每人每月平均发送 4 050 条）。新泽西肯尼迪医学中心（JFK Medical Center）下属睡眠障碍诊所的研究者估计，每 5 个青少年中就有 1 个因为发短信而让睡眠受到干扰。到该诊所就诊的青少年报告说，他们每天晚上熄灯后平均收发 34 条短信，所花费的时间从熄灯后 10 分钟到 4 小时不等。这些孩子每晚至少被短信吵醒一次。男孩和女孩的行为存在一定差异。女孩更喜欢在熄灯后收发短信，而男孩更喜欢在手机上玩游戏。（过度或强迫性的收发短信行为现在已经被视为成瘾。）

不良的睡眠习惯和青少年犯罪也存在一定相关性[8]。《青少年与青春期杂志》（*Journal of Youth and Adolescence*）2012 年刊文指出，与每晚睡眠时间达到 8~10 小时的青少年相比，每晚只睡 7 小时或更少时间的青少年，其财产犯罪（包括盗窃、破坏和私闯民宅）的发案率显著高出了一截。每晚只睡 5 小时或更少时间的青少年，其暴力犯罪（包括攻击和武力胁迫）的发案率也明显高于睡眠时间达到 8~10 小时的青少年。睡眠问题和犯罪之间的相关性尚未被完全确认，因为压力重重的环境既能影响一个人的行为，又能影响其睡眠。2011 年，美国疾病控制和防御中心开展的一项大型研究发现，青少年的不良睡眠与不健康习惯的养成呈正相关，这些不良习惯包括吸烟、喝酒、抽大麻。在意大利开展的研究也得到了相似的结果。缺乏睡眠几乎能对青少年生活的各个方面都产生不良影响。

在生理上，缺乏睡眠会导致以下问题：

- 因压力而加重的皮肤病，如痤疮和银屑病
- 暴饮暴食或饮食不健康
- 易发运动损伤
- 高血压
- 易患重病

在情绪上，缺乏睡眠会导致以下问题：

- 攻击性增加
- 缺乏耐心
- 冲动和行为不当
- 缺乏自尊
- 情绪波动

在认知上，缺乏睡眠会导致以下问题：

- 学习能力受损
- 创造力被抑制
- 问题解决能力下降
- 健忘

睡眠不足还会让人过分依赖有提神作用的药物和饮料，这个问题在青少年中特别突出。利他林（Ritalin）和阿得拉（Adderall）这类药物原本是用于治疗注意力缺陷多动障碍的，现在却被非法用于提神醒脑。而合法的能量饮料则更受欢迎。青少年喜欢寻求刺激，厂商便投其所好，给这些饮料起了很多酷酷的名字，如 Red Bull（红牛）、Full Throttle（油门全开）、CHARGE!（冲锋）、NeuroGasm（神经高潮）、Hardcore Energize Bullet（超牛活力子弹）、Eruption（爆发）、Crave（渴求）、Crunk（旷克，起源于美国

南部的一种嘻哈音乐）、DynaPep（活力辣椒）、Rage Inferno（狂怒地狱）、SLAP（猛击），还有我最中意的 Venom Death Adder（毒液死亡蝰蛇）——我只是喜欢这个名字，而非饮料。虽然美国国家食品与药品管理局（Food and Drug Administration）规定了软饮料中的咖啡因含量不能超过每 12 盎司[①] 71 毫克，但对能量饮料中的咖啡因含量却没有限制，因为它们被归为膳食补充剂。每罐能量饮料所含的咖啡因少则 80 毫克，多则 500 毫克。十几岁和二十出头的年轻人有时会在喝酒的同时饮用能量饮料，这样他们就能靠咖啡因的支撑而不醉倒。但问题是，不醉倒并不意味着认知机能不受损，他们以为自己是清醒的，但实际上已经无法完成一些复杂的认知任务，如驾车，这是很危险的。

调查数据显示，约有 30%~50% 的青少年和年轻成人饮用能量饮料。近年来，咖啡因过度摄入引发的急诊病例呈指数级增长，能量饮料或许就是导致这一现象的一大原因。2013 年，美国政府的药物滥用与心理健康服务局（Substance Abuse and Mental Health Services Administration）报告说，2005—2011 年间，与能量饮料相关的急诊病例从不足 2 000 例猛增至 20 000 多例，整整增加了 10 倍[9]。一些研究显示，为了抵抗睡眠不足导致的倦意，美国高中生平均每天要喝 5 罐能量饮料。

如何保证孩子的睡眠

睡眠对于孩子的学习非常重要，家长和监护人的作用同样不可或缺。你可以采取一些措施来鼓励青少年子女获得充足睡眠，不妨从将电视机和电脑搬出他们的卧室开始。由于孩子们长期睡眠不足，你应该想办法让他们尽早完成作业，早点上床。孩子一放学，你最好就搞清楚他们要完成哪些作业，要做哪些事，然后教会他们如何对所需完成的任务排序。你可以

① 12 盎司约合 340 克。——译者注

建议他们先完成那些需要动脑筋的功课，因为孩子需要聚精会神，并使用较为复杂的认知技能，才能完成这类任务。晚饭后，你要时不时地监督他们做作业，但不要太苛刻。如果晚上 9 点半的时候，你发现孩子还没写作文，此时最糟的反应莫过于对孩子大喊大叫或大声斥责。让他们觉得你惊慌失措也很糟糕。孩子已经很紧张，请不要火上浇油，因为压力也会干扰他们的学习！

还有一大障碍也会阻碍良好的睡眠，那就是电脑屏幕的 LED 照明灯光[10]。我们应该在睡前一小时关闭 LED 屏幕，以放松受到过度刺激的眼和脑。2012 年，美国纽约州特洛伊市的伦斯勒理工学院（Rensselaer Polytechnic Institute）照明研究中心开展了一项研究，科学家发现，只要观看手机、电脑或其他电子设备的 LED 屏幕两小时，大脑内的褪黑素就会减少 22%。因此，临睡前看 LED 屏幕肯定会影响我们，特别是青少年的睡眠。当然，并非所有人造光都会产生上述效果。一些人造光能像自然光一样，促进睡眠节律。比如，LED 光源发射的蓝光是有益健康的，能够促进睡眠节律[11]。美国国家宇航局和俄罗斯的科学家正在模拟一项长达数年的火星探索任务，研究人员用蓝光来调节宇航员的睡眠节律，以免他们的生物钟发生紊乱。

到了晚上，家长也很累，说不定还有工作需要完成，我们这时很容易对孩子发脾气，所以我们要意识到这一点，尽力控制自己的情绪。作为单亲妈妈，我无法一碰到问题就甩手，气呼呼地跑掉，把烂摊子扔给孩子的父亲。既然如此，我必须换一个角度来处理有关孩子的棘手问题。我不想把惊慌失措传染给孩子，因为我清楚他们还没有足够的能力安排好时间，还不能赶在截止日期前，有条不紊地完成各项任务。我试图告诉他们，下次不要再临时抱佛脚，不要再忘记把完成作业所需的教科书和论文带回来。但是，你也不能替孩子成长。我们只能帮他们制订日常计划或做一些研究，但不能让他们陷于习得性无助，或培养他们的依赖心理。

THE
TEENAGE
BRAIN

致家长

你可以建议孩子在临睡前做一些不太需要动脑的事情，而且每晚临睡前都做相似的事情。这不仅能避免他们暴露于各种屏幕人造光之中，使得褪黑素的分泌受到抑制，而且能让身体养成习惯，每到这个时候就开始放松下来。你要让孩子一回家就列出晚上需要完成的各项任务，这能减少他们的焦虑，进而提高睡眠质量。你要向孩子明确指出，床是用来睡觉的，不是用来吃东西、看电视或做作业的！最后，千万不要在临睡前和孩子吵架，这样他们会睡不好，你自己也很可能会睡不好。老话说得好："日落之后不吵架。"

A NEUROSCIENTIST'S SURVIVAL GUIDE
TO RAISING ADOLESCENTS AND YOUNG ADULTS

THE
TEENAGE
BRAIN

名词解释

褪黑素：由大脑内松果体分泌的一种激素，有助于调节睡眠节律。

TEENAGE BRAIN

06

冒险

青少年为何爱闯祸

2010年3月，我在美国国家公共广播电台（National Public Radio）做了一档有关青少年大脑发育的节目[1]。事后，来自各地的纸质和电子邮件塞满了我的邮箱。

一位女士写信说，她和孙子关系很好，不幸的是，这孩子从高中起便开始狂抽大麻、狂喝酒。他因为超速和鲁莽驾驶而被警察开了两次罚单，最后因为酒驾被捕。这些年来，许多素不相识的人因为有关孩子的困扰而给我写信，这些信的结尾总是透出家长们的揪心和无奈，这封信也不例外："我的心都碎了。他是个聪明的帅小伙，却在亲手毁掉自己的前程。"

追求刺激，无视风险

家长和老师都知道，青少年比较冲动，比儿童和成人更爱冒险。他们喜欢新鲜事物，喜欢寻求感官刺激。除了冒险以外，叛逆也是其行为的一大特征，家长也好，老师也罢，他们不会把任何权威放在眼里。我们可以从进化的角度对上述行为特征进行解释。在这一发展阶段，青少年将离开父母提供的安逸生活，他们要探索世界，塑造自己的独立性。进行各种尝试对青少年来说很重要，因为他们要学会自主生活。但问题是，孩子们的额叶尚未发育成熟，他们很难预想和理解行为的后果，所以难以评估高风险行为可能带来的伤害。无论冒险行为在遥远的未来能给孩子们带来多少益处，眼下与其相伴的只有大大的危险。

年轻人爱冒险并不是什么新鲜事，自古以来皆是如此。但这个问题在现代社会显得尤为突出，其严重程度可能达到了人类有史以来的最高水平。如今的青少年可以通过媒体和互联网了解到各种“刺激”，旅行也是他们生活中不可或缺的一部分。在过去数百年里，大多数青少年被束缚在农田里。他们能够去的地方以及能够获得的信息都十分有限。而且，他们所处的环境基本上在老师、家长或其他成年监护人的掌控之下。这意味着，冒险行为可能产生的不良后果不会太大。但家长也要明白，如今的丰富环境虽然给孩子们带来了不少风险，但也为他们提供了许多发展良机，我们应该鼓励他们多接触各种积极的信息和体验。

如果听之任之，青少年往往会在网上获取不当的、容易引发压力的，甚至是危险的信息。一些抑郁的青少年会模仿网上的自残和自杀行为。青少年很容易受到暗示的影响，而如今网上的暗示性信息铺天盖地。同样，统计数据显示，如今的年轻人更容易获得违禁药物，他们只要动动手指头，用智能手机发个消息，就能获得违禁药物。

科学家给冒险行为起了个名字——“次优选择行为”。大多数成年人将青少年的次优选择归咎于他们的冲动、不理性、自我中心和狂妄。早在两千多年前，亚里士多德在谈论古希腊的“疯狂”青少年时就说，他们的思想和行为之所以不同于成人，是因为年轻人“充满激情、性情暴躁，他们容易冲动，进而失去自制力”[2]。亚里士多德还写道，年轻人之所以成为激情的奴隶，是因为“他们野心勃勃，没有丝毫耐心，只要有人提到受伤二字，他们都会气愤不已”[3]。换言之，亚里士多德认为，青少年太过自我中心、不理性、狂妄，以至于当他们准备做成人不会去做的事情时，还觉得自己肯定不会受伤。如果一些成人做出了正常成人不会做的事，我们把“不理性”“自我中心”“狂妄”这些标签送给他们并不为过。但对爱冒险的年轻人来说，这些形容词似乎不太恰当。

虽然青少年有时候的确很不靠谱，让人抓狂，但他们并非不理性。恰恰相反，一个人的推理能力在 15 岁左右便发育成熟了。实际上，青少年对特定活动安全性进行评估的能力似乎与成人不相上下。因此，在一些像美国学术能力评估测试（SAT）这样的能力测试中，青少年能拿高分，这些测试考的就是个人的逻辑推理能力。

那么，青少年为什么要做疯狂的事呢？总体来说，这是因为他们的头脑更容易产生奖励感。我们先前已经提到，在青少年的大脑中，多巴胺的释放以及大脑对多巴胺的反应均强于成人。对年轻人来说，控制唤起和奖励的神经系统特别敏感，因此对于感官刺激的寻求和青春期关联在一起也就不足为奇了。但是由于额叶与大脑其他部分的连接依然松散，青少年对危险情境的认知掌控力欠佳。成人在这方面强于青少年，因此他们能更好地评估风险、回报和行为的后果。

匹兹堡大学的科学家对 245 位年龄介于 8~30 岁之间的实验参与者开展了一项研究，看他们能否抑制眼球的运动[4]。在昏暗的房间里，科学家要求实验参与者看着屏幕上显现的一道光，屏幕上还会出现另一道不停闪动的光，实验参与者要努力移开自己的视线，不看这道光。大脑的自然倾向是跟踪新异信息，以满足我们的好奇心，而且你越是不准一个人看，他就越想看。心理学家把忍住不看的行为叫作反应抑制。实验结果显示，青少年的反应抑制优于儿童。实际上，对一个 15 岁的孩子来说，只要激励足够强，他能表现得和成人一样好。但有趣的是，青少年和成人的脑扫描图像存在差异。虽然两组人的成绩相当，但成人使用的脑区比青少年少很多，而且他们能动用额叶，所以更容易抵御诱惑。而青少年则需要付出更多努力，才能远离禁忌。

在另一项非凡的脑扫描实验中，来自达特茅斯学院的研究者让被试判断一些情境是否安全，如“和鲨鱼一起游泳”“火烧头发”“从屋顶上跳下来”等。结果，和成人相比，青少年在回答问题时所能动用的脑区更少，回答的时间也比成人长大约六分之一秒[5]。在实验中，成人似乎只需凭直觉就能回答问题，青少年却需要开动脑筋，用逻辑推理得出答案。对一种情境迅速做出整体评估并准确判断行动的得失是一种能力，这种能力依赖于额叶的神经活动，我在本书中一再提及该区域，但青少年的额叶还在建设中。

此外，成人更善于吸取教训。额叶内以及周围的相关区域，包括前扣带皮层，能够起到行为监控器的作用，这些区域能帮助我们侦测错误。在功能性磁共振成像实验中，如果成人被试犯了错，其前扣带皮层会亮起[6]，就好像在说：“当心了，我下次最好不要犯相同的错误。”但青少年的前扣带皮层尚未发育成熟，所以，即便他们意识到自己犯了错，也很难从中吸取教训，避免再犯。

2011 年 4 月，一位女士在看过我写的文章后，发电子邮件给我，我在回信中把上面这些话告诉了她。这位女士有一个 18 岁大的女儿，她在信中写道：“我女儿什么都好，但就是做事不过脑子。她的朋友、教练和老师都很喜欢她。她心地善良，也很希望把一切都处理好，但常常无法如愿。不管是吸烟，还是喝酒，我需要把所有事情的利害都跟她讲清楚。她需要吸取的教训实在是太多了。”

研究显示，就预测青少年行为而言，更有用的变量是不计风险的对奖励的期望，而非对于风险的感知。换言之，希望得到即刻满足是青少年行事冲动的主因，喜欢冒险而又没有或很少吃过苦头的青少年会不断重复鲁莽行为以获取满足。这种寻求奖励回报的冲动根植于大脑的两个区域，即伏隔核与腹侧被盖区。上述结构属于大脑的愉悦中枢，因为当一个人想到或期望奖励（进食、赚钱或嗑药）时，这些结构负责释放多巴胺。实际上，当我们有可能体验愉悦的时候，伏隔核既提示我们这种可能性的存在，又激励我们把可能变成现实。事实证明，与成人相比，青少年大脑内的这一区域更容易受成瘾的影响。有关大鼠的实验显示，与成年大鼠相比，幼鼠大脑内这些区域的多巴胺神经元更活跃，反应更灵敏（见图 6-1）。如果连接额叶的白质尚未完全覆盖髓磷脂，额叶就难以抑制冲动，冒险行为就更容易发生。

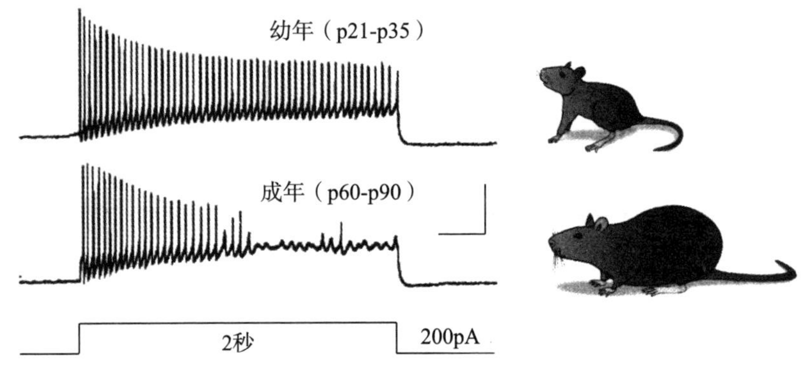

图 6-1　幼年大鼠腹侧被盖区多巴胺神经元在受到刺激时比成年大鼠相关神经元触发了更强的动作电位

腹侧被盖区是奖赏回路的重要组成部分。年轻个体大脑内该区域更为活跃，因此青少年更喜欢寻找奖励回报。

资料来源：Reprinted from A. N. Placzek et al., “Age Dependent Nicotinic Influences over Dopamine Neuron Synaptic Plasticity,” *Biochemical Pharmacology* 78, no. 7 (Oct. 1, 2009), 686-92, © 2009, with permission from Elsevier. Additional artwork by Mary A. Leonard, Biomedical Art and Design, University of Pennsylvania.

青少年大脑内神经元的激活率更高，因此它们很容易启动成瘾行为。成瘾行为又是如何形成的呢？事实上，成瘾是一种特殊形式的记忆。正如我在第 4 章提到的那样，成瘾是某种形式的突触可塑性或长时程增强，只不过这一过程不是发生在海马，而是发生在伏隔核与腹侧被盖区这些奖赏回路的关键区域。与长时程增强和记忆一样，成瘾之所以发生，是因为某种药物或愉悦刺激强烈激活了这些突触。受刺激后，这些可塑且活跃的突触加强了相关神经元之间的联系，当同类型愉悦刺激再次发生时，更多的多巴胺就会被释放出来。因此，青少年的大脑更容易产生欲求：接触成瘾刺激时，神经元更容易被激活，其可塑性更强，刺激的作用容易被夸大。因此，成瘾具有深层的生理机制，对青少年来说更是如此。戒毒中心很清楚，青少年很难戒毒，他们复吸的可能性更高。实际上，统计数据显示，在住院戒毒中心里，年龄在 25 岁以下的病人增长最快。

风险和回报总是如影随形，它们也共享着大脑内的许多结构。虽然伏隔核与腹侧被盖区是奖赏回路的重要组成部分，但它们的活动也要受到额叶的控制。成人大脑内的白质已经完全覆盖上了髓磷脂，因此，额叶可以通过冲动控制机制来降低伏隔核与腹侧被盖区的反应敏感度。

人类的冲动控制是可以客观测量的。斯坦福大学的科学家设计了一个实验，让被试在两只虚构的股票之间进行选择，并引诱他们选择其中一只高风险、高回报的股票，同时对他们的大脑进行扫描[7]。结果，被试的伏隔核变得更加活跃。科学家发现，该结构在被试做出选择之前，也就是期望股票高回报的时候最为活跃。让伏隔核活跃起来的不是股票的真实回报，而仅仅是对于回报的期望。研究者总结说，较强的正性情绪或较高的唤起水平预示着个体容易做出冒险行为。所以在赌场里，被免费美酒和美食包围的赌徒更容易在轮盘赌或老虎机上再玩一把。

康奈尔大学医学院赛克勒研究所（Sackler Institute）的凯西（BJ Casey）

和同事们设计了另一个精巧的实验[8]。他们邀请年龄介于6~29岁之间的志愿者参加实验。在实验过程中，研究人员让志愿者依次观看一系列卡片，每张卡片上印有一个人的脸，此人要么很高兴，要么很平静。研究者要求志愿者在看到快乐表情的时候不要动，只在看到平静表情时按下按钮。（就像看见50美元钞票或美味甜点一样，看见快乐的表情能够激发大脑内寻求奖励的反应。）实验结果显示，在看到快乐表情时，青少年比成年人更容易错按按钮。许多研究都显示，与成人相比，青少年的伏隔核释放出更多的多巴胺，所以实验中的青少年志愿者很难抵御快乐表情所提供的“奖励”。当然，连接性欠佳的额叶无法向奖赏中枢发送抑制信号也是导致青少年难以抵御诱惑的一大原因。

青少年被试在期望“获胜”的条件下报告了“更为强烈的正性情绪”，这一点也不奇怪。潜在回报越大，正性情绪就越强烈；正性情绪越强烈，伏隔核内释放的多巴胺就越多。由于青少年对多巴胺极为敏感，与未来的较大回报相比，即刻的小小回报能让伏隔核变得更为活跃。换言之，欲望的即刻满足和情绪是青少年在决定是否要冒险时的重要因素，也是造成他们无法延迟满足的主要原因。

THE TEENAGE BRAIN 致家长

为了帮助青少年抵御即刻的诱惑，排除情绪的干扰，家长、监护人和老师可以做一件事，那就是和他们好好聊聊各种危险行为的后果。无论是吸毒还是飙车，我们要用恰当的类比帮助他们看清行为的得与失。假如你想让孩子明白，再大的回报也不值得一个人为此冒送命的风险，你可以这么问孩子：“你愿意为了一百万美元而拿起手枪，玩俄罗斯轮盘赌吗？哪怕只玩一次？”

青涩的禁果

THE TEENAGE BRAIN 青春期的故事

即刻满足和情绪对青少年性活动的激励作用最大。新英格兰一所私立高中在十几年前发生的一起丑闻很能说明问题。2005 年 2 月 20 日星期日，《波士顿环球报》(*Boston Globe*) 在头版刊登了一篇文章，名为“开除事件撼动米尔顿高中”[9]。这所学校是艾略特（T. S. Eliot）的母校，拥有两百多年的悠久历史，但却上演了一出不光彩的青少年性丑闻。报道发表之前一个月，该校一名 15 岁大的女孩在学校更衣室里，为 5 个校冰球队队员提供口交服务，这些男孩的年龄在 16~18 岁之间。学校开展了历时 3 天的调查，随后便开除了这 5 名男生，那个女生暂时休学，后来转学了。各路媒体揪住这所历史悠久的著名寄宿制学校不放，就该事件进行了长达数月的报道和讨论。该校发言人凯瑟琳·埃弗里特（Cathleen Everett）对记者说，这些男生的行为“违反了道德规范”。她还说：“不幸的是，青少年会犯下严重的错误。”

米尔顿高中的这桩丑闻并非私立精英寄宿制学校爆发的首起性丑闻，甚至不是该校史上的第一起。不过，它催生出一本非虚构类畅销书，这本书名叫《不安的处子》(*Restless Virgins*)，由刚从米尔顿高中毕业的两个学生撰写。阿比盖尔·琼斯（Abigail Jones）和玛丽萨·米利（Marissa Miley）在书中写道，如今的青少年不再将口交视为“爱人间的亲密举动”，而是将其看作是“高中文化的一部分，在这种文化中，女孩用性向占据主导地位的男孩表达敬意”[10]。

青少年接受，甚至期待性活动。美国疾病控制和防御中心的统计数据显示，约有三分之二的高中生说自己在毕业前有过性行为。但是，正因为青少年无视其风险，性行为依然是一项高危活动。虽然 80%~90% 的青少年说自己采取了避孕措施，但在年龄介于 15~19 岁之间、自称口服避孕药的女生中，只有近三分之一的人坚持每天服药。在同龄的男生中，只有半数人坚持使用避孕套。

青少年感染性传播疾病的风险很大，这并不出人意料。每年，大约有 300 万青少年感染一种或多种性传播疾病。在青少年和年龄介于 20~24 岁之间的年轻人中，致病率最高的性传播疾病是人类乳头瘤病毒（human papillomavirus，简称 HPV）、毛滴虫病和衣原体。虽然上述群体的人数只占性活跃人群的四分之一，但他们却贡献了近半数的新发性传播疾病病例。2004 年，该群体新发病例数高达 900 万。在《不安的处子》一书中，琼斯和米利提到，一些青少年忽视，甚至有意否认高危性行为的风险：“这些青少年享有特权、聪明、有前途，他们不会得人类乳头瘤病毒、疱疹、毛滴虫病或艾滋病。”[11]

对于冒险行为，同龄人的影响不可低估。青少年边缘系统内的风险–奖赏中枢与邻近的一些脑结构紧密合作，这些结构不仅处理情绪，而且还处理社交信息。2009 年，天普大学（Temple University）教育心理学专业的凯瑟琳·斯塔姆利斯（Kathryn Stamoulis）完成了自己的博士论文。这篇论文的研究课题是青少年网上冒险行为，其数据来源是皮尤研究中心下属的互联网和美国生活项目（Pew Internet and American Life Project）对 934 名美国青少年所做的一次调查[12]。斯塔姆利斯发现，鲜有社交活动的女生和缺乏课外活动的男生容易冒险。换言之，和朋友交往以及参加团队体育运动似乎能够降低青少年冒险闯祸的风险。在过去，决策理论家，特别是研究经济决策模型的研究者经常忽视情绪的作用。但情绪对冒险行为的影响不是一个简单的程度问题，也就是说，一个人并不是情绪越激烈，就越可能冒险。对决策来说，心境、生理唤起以及不连续情绪状态，如愤怒、恐惧和悲伤的作用可大可小。问题的关键在于，涉及风险感知和奖赏评估的脑区与调节行为和情绪的脑区紧密相连。

因此，我们不得不面对这样一对矛盾：一方面，拜增强的神经可塑性所赐，青少年的认知能力、学习能力和记忆力超越成人；另一方面，善于学习的他们既能学好，也很容易学坏。为什么呢？因为他们的头脑渴望奖励，无论好坏，只要一件事或一种习得的技能可以刺激多巴胺的释放，大脑就将其视作奖励。青少年的突触本来就很敏感，一点点刺激就能让他们渴望更多刺激。在某些情况下，这会导致某种过度学习。这种过度学习俗称成瘾。

THE TEENAGE BRAIN

名词解释

腹侧被盖区：靠近中脑底部中线的一群神经元，该区域的神经元和大脑的许多区域相连，是大脑内多巴胺系统的起点，因此对大脑的天然奖赏回路影响很大，与吸毒成瘾也有关。

07 恶习

年纪越小，危害越大

吸烟

成人知道吸烟有害健康，会自然而然地想到癌症、肺气肿等相关疾病，而且以为青少年也会像他们一样忌惮这些后果。但我从本书一开始就不断强调，成人和青少年的头脑存在差异，因此，像吸烟这样的行为会对青少年的大脑产生更为复杂的影响，其后果尤为严重。虽然我知道睡眠不足会对青少年产生诸多不良影响，但没想到的是，这还会导致他们更多地吸烟。更惊人的是，吸烟会造成各种认知和行为问题，如注意力缺陷多动障碍和记忆力下降，还会降低青少年的智商。

作为药物滥用的一种形式，吸烟在青少年人群中的受欢迎度在过去 10 年里的确有所下降（见图 7-1），这可能要归功于无处不在的吸烟危险警示。

不过，我们还是可以从很小就开始吸烟的老烟民身上看到吸烟造成的各种破坏。

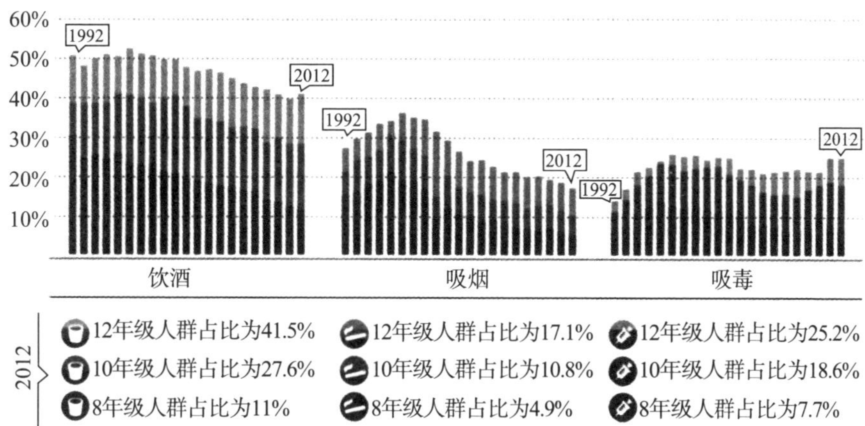

图 7-1　全美医学研究院提供的饮酒、吸烟、吸毒人群占比数据

资料来源：Courtesy National Institute of Drug Abuse, a component of the National Institutes of Health, U.S. Department of Health and Human Services. Adapted by Mary A. Leonard, Biomedical Art and Design, University of Pennsylvania. Available at http://www.drugabuse.gov/sites/default/files/nida_mtf2012_infographic_1_1000px_3.jpg.

实际上，对于任何物质，青少年都比成年人更容易上瘾，而且一旦成瘾就很难在余生彻底戒除，就好像成瘾的影响被深深刻入了青少年的大脑内一样。吸烟就是一个很好的例子，过去几代烟民已经为此付出了极其惨痛的代价。由于青少年的大脑更具可塑性，更善于学习，所以他们也就更容易上瘾。我们将不断提到这一重要议题。

图 7-2 让我们意识到，在青少年的大脑内，学习过程和成瘾过程是多么相似：两者皆源于青少年不断接触刺激，他们的大脑对刺激的反应在这一过程中被不断强化。不过，学习过程的产物是良好的记忆，而成瘾过程的产物则是对特定物质不断增加的渴求。

一支香烟中含有 4 000 多种成分和化学物质，不少成分如果摄入过多便会产生毒性，其中包括砷、镉、氨和一氧化碳。虽然在过去 15 年里，青少年人群中的吸烟者比例已经从 27% 下降到 19%，但近年来，下降率有减缓的趋势。

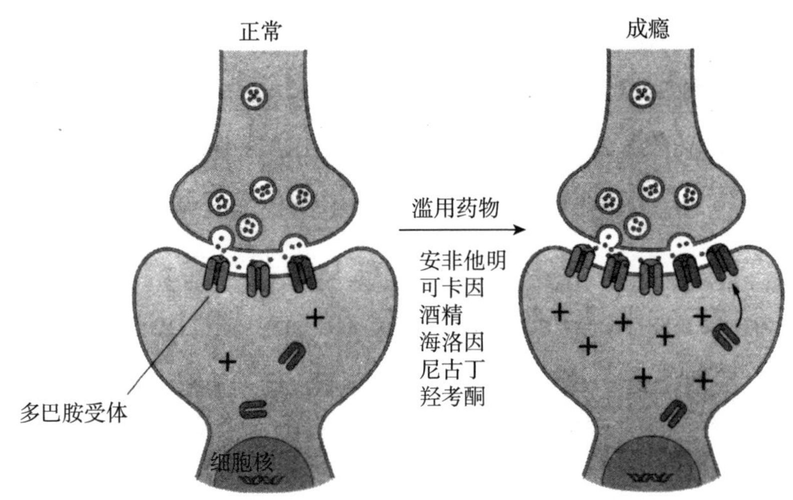

图 7-2　学习和成瘾共有的突触生理过程

作为一种刺激，药物对于腹侧被盖区的影响类似于长时程增强记忆实验中电脉冲的作用。两者都会通过增加受体来重塑突触，就药物而言，这会导致成瘾。

资料来源：Artwork by Mary A. Leonard, Biomedical Art and Design, University of Pennsylvania.

以色列的研究者对 20 000 名年轻军人的吸烟习惯进行了调查，他们发现，吸烟和低智商存在一定关联[1]。与不吸烟的男性青少年相比，吸烟的男性青少年智商更低。一天吸一包以上香烟的人智商很低，只有 90 分左右。（正常的智商范围在 84~116 分之间。）在 18~21 岁之间开始吸烟的年轻人，其智商同样低于不吸烟的同龄人。也许他们就是在这一年龄段智商下降的那三分之一的年轻人！有趣的是，研究显示，经常暴露于二手烟的儿童不仅会患上哮喘、腹绞痛和中耳炎等生理疾病，其神经系统也会受损，智力和推理能力的发展会受到不良影响[2]。但在美国，有超过三分之一的儿童在家里吸二手烟。

辛辛那提儿童环境健康中心（Cincinnati Children's Environmental Health Center）使用一种名为可替宁的生物标记进行了一项研究，可替宁是尼古丁分解后的代谢产物。在年龄介于 6~16 岁之间的 4 399 个儿童样本中，体内可替宁含量最高的儿童在有关阅读、数学和视觉空间技巧方面的测试中表现最差，与体内不含可替宁的控制组儿童相比，这些儿童的智商平均下降了 2~5 分。即使是少量接触二手烟的儿童，其智商也会较低。

吸烟的问题，特别是对青少年来说，在于它能让人兴奋、舒缓压力，而在本书后面的章节中我们会讲到，青春期正是一个压力重重的时期。此外，吸烟也伴随着青少年的社交活动。对年轻人来说，吸烟的危害远在天边，所以可以忽略不计。我先前已经提到过，近期的研究显示，在青少年的大脑内，负责控制风险的额叶尚未与其他大脑结构充分连接。众多人类脑扫描研究不断显示，青少年吸烟越多，前额叶皮层的活跃程度就越低。前额叶皮层发育不良或受损已被证实是导致青少年决策能力不佳的一大原因。

在对照实验中，吸烟的青少年一直难以做出有关自身幸福的正确选择，其中包括有关戒烟的选择。青少年难以充分利用自己的额叶，此外，特定经历和物质会干扰正常的发育过程，进而造成影响终身的问题。来自同龄人的压力也是我们需要考虑的因素，因为青少年常常在社交的时候聚在一起抽烟。

青少年头脑的可塑性很强，这让他们的吸烟和成瘾问题变得更加严重。一些研究显示，青少年只要吸几根烟，他们的大脑就会开始重塑，制造出新的尼古丁受体。这会让戒烟变得异常困难。实际上，马萨诸塞大学纪念医学中心（University of Massachusetts Memorial Medical Center）的研究者发现，青少年只需每月吸一根烟就会上瘾[3]。约瑟夫·迪弗兰萨（Joseph DiFranza）医生是该研究的负责人之一，他对 1 200 多名初中生的尼古丁成瘾状况进行了长达 4 年的跟踪调查。迪弗兰萨发现，在六年级学生中，吸烟的频率和成瘾的严重程度呈正相关。研究开始两年后，吸过烟的学生，哪怕是每月只抽一根烟的学生中，有三分之一报告说他们对自己的吸烟习惯已经失去控制。研究开始 3 年后，在试图戒烟的学生中，有四分之一出现了戒断症状，无法集中注意力、易怒，而且睡不好觉。“一个人刚开始抽烟的时候，每月或每周抽一根烟就觉得很过瘾。”迪弗兰萨在全国公共广播电台做节目时说，“但随着时间的推移，他必须更频繁地吸更多的烟才能过瘾。所以，一个人可能在吸烟成瘾一年后才达到每天抽一包烟的程度。”[4]

在青春期就开始吸烟的人染上酒瘾的概率比常人高出 3 倍。而且研究显示，长期摄入尼古丁会增加个体对酒精的耐受性，这意味着，为了达到相同效果，一个人需要摄入更多酒精。吸烟者变成酒鬼的可能性是常人的 10 倍，这一点也不奇怪。与成年后开始吸烟的人相比，十几岁就开始吸烟的人更容易受到酒精的不良影响，而且更难戒酒。不幸的是，难以自拔和额叶理性的缺失往往会让青少年承受灾难性的后果。

那么，我们应该如何规劝孩子们远离香烟呢？你首先要做的就是承认孩子们的确会觉得吸烟好玩。你年轻的时候很可能也碰过香烟，希望现在的你已经结束这场“实验”，不再为其所困。从 20 世纪 50 年代起，青少年开始用吸烟来表达对于家长控制的反抗，或表明自己属于某个成员关系紧密的群体。又或者孩子们只是对于自己没干过的事很有兴趣。如果你怀疑自己的孩子吸烟，那么可以好好和他谈一谈，冷静地询问他，他的朋友是否吸烟。你要以理服人，告诉他吸烟对大脑发育的危害，让他明白，每多抽一根烟，他就会渴望吸更多的烟。最重要的是，你要尊重孩子，相信他是可以被科学事实说服的。和孩子就吸烟或其他议题促膝长谈不仅能增进你们之间的沟通，而且还能促进他刚刚萌芽的责任感。烟草公司一直利用各种媒体广告和电影把抽烟描绘成美好、潇洒的事情，你要让孩子知道，已经有几代人受骗上当了。此外，你还可以为孩子算一笔经济账，看看吸烟会浪费多少钱。你要教他如何摆脱来自同龄吸烟者的压力，告诉他不值得为虚荣付出如此昂贵的代价。还有，吸烟会导致牙齿发黄、口臭，会让衣服、头发满是烟味，还很可能让人患上慢性咳嗽，在运动时气喘吁吁。这些你都要让孩子知道，此外，你还可以从亲友或名人中找一些因为吸烟而引发严重健康问题的例子，佐证你的观点。

THE TEENAGE BRAIN

致家长

要求青少年高瞻远瞩是不切实际的，他们的头脑尚未发育成熟，但这并不意味着你没必要和他们叨叨这些恶习的严重后果。孩子们可能会觉得你烦，甚至不听你的话。但我向你保证，这些话会印在他们的脑子里。请记住，年轻人不会轻易忘记任何事。

如果一切预防措施都失败了，孩子已经抽上了烟，那么你至少可以要求他们使用无烟烟草、电子香烟或丁香烟。当然，这些产品不是无毒的，但至少它们的危害小一些。不过，最重要的是你要以身作则，不能一边叼着香烟，一边教导孩子不要吸烟。

A NEUROSCIENTIST'S SURVIVAL GUIDE TO RAISING ADOLESCENTS AND YOUNG ADULTS

酗酒

作为青少年的家长，你在自己家里的确可以主导孩子的教育方式，但当他们去同学或朋友家的时候，其他家长会营造怎样的环境，施加怎样的影响，你就很难控制了。特别是当一些家长不能为孩子做出正确表率的时候，问题就大了！我儿子的一个朋友父母离异，他父亲为了讨好儿子，专门为他举办了一个聚会，而且还为孩子们搬来一箱箱啤酒。（也许这位父亲的额叶尚未连接好！）聚会上发生了什么大家应该不难想象，其他家长接孩子回家时都惊呆了。孩子们一口酒气，所幸没发生什么不愉快或不幸的事。（参加聚会的许多孩子连驾照都还没拿到，而且马萨诸塞州对 18 岁以下的驾驶人员实施午夜宵禁。）这件事提醒大家，作为一个群体，家长对孩子的教养负有共同责任。但问题是，你无法控制其他家长的所作所为。所以，如果我的孩子要去同学或朋友家里参加聚会或过夜，我会事先打电话给对方家长，特别是当我从未接触过对方家长时。我知道，这种做法有时会让孩子难堪，但这是原则问题，没有妥协余地。

THE TEENAGE BRAIN

青春期的故事

我是幸运的，其他家长可就没那么幸运了。也就是在这一年的某一天，《米尔福德每日新闻报》（*Milford Daily News*）在头版上刊登了一则令人悲伤的故事，这篇报道的标题是"泰勒·迈耶安息吧"[5]。米尔福德是波士顿西南部的一个古老的殖民小镇，虽然这个故事的细节并不寻常，但导致悲剧的原因却很普遍。故事的女主人公是一个名叫泰勒的 17 岁金发姑娘，她长得漂亮，还是个优等生。2009 年 10 月 17 日周五，那天是菲利普国王地区高中（King Philip Regional High School）的返校日，学校在附近的伦瑟姆举行活动。已经高三的泰勒很早就去朋友那里参加聚会，孩子们从地下室拿出一瓶百加得朗姆酒，一同分享。随后，泰勒起身去了另一个朋友家，在那里喝下了 5 罐啤酒。她又在中场休息时来到学校返校日的橄榄球比赛现场，上身只穿了一件背心，此时秋风已经很凉了。比赛结束后，包括泰勒在内的二十几个学生来到附近的废弃机场继续狂欢。当地的年轻人经常来这里聚会，那里有长凳，还可以点篝火，他们在那里喝酒很难被人发现。

泰勒又喝了5罐啤酒，随后打算去找表姐妹。醉醺醺的她踉踉跄跄，走错了方向，朋友们把她架起来，但她最终和朋友走散了。3天后，泰勒的尸体在距离废弃机场聚会地点大约100米的泥地里被发现，她脸朝下，身上到处都是刮伤和淤青，溺水窒息而亡。尸检报告显示，其血液酒精浓度达到0.13，是法定酒驾标准的两倍。

现实情况是，青少年只要一沾酒就管不住自己了，他们往往会在两小时内痛饮四五杯，这正是酗酒的标准。研究显示，酗酒行为通常始于13岁，其严重程度在18~20岁达到巅峰。高中生的饮酒问题尤其严重。有超过一半的高三学生承认自己喝醉过，美国有将近100万高中生承认自己经常大量饮酒。

除了爱冒险、喜欢找刺激和判断力欠佳外，社交因素也是导致青少年过量饮酒的一大原因。科学家发现，在饮酒数量上，大学生总是不甘落伍[6]：如果你儿子的室友每晚喝6罐，那么你儿子也很有可能喝这么多。更糟的是，研究者还发现，大学生容易高估别人的饮酒量。也就是说，即便你儿了的室友每晚喝3罐，你儿子也会觉得他每晚应该喝6罐。

社会应该阻止任何一个未满法定年龄21岁的青少年饮酒，而且要确保他们无论何时都滴酒不沾，当然，这是不可能实现的。同样可笑的是，我们的社会给孩子们传递了这样一个信号：只要年满21岁，你爱喝多少就喝多少。虽然法规划定了一条饮酒的年龄线，但问题是，孩子们的头脑无法一到这一年龄就瞬间完成所有连接工作。此外，年轻人似乎对任何禁忌都情有独钟。别忘了，他们就是喜欢新奇的事物，就是爱冒险。

我们每天都能听到青少年因为酒驾而酿成悲剧的故事。但这不是禁止他们饮酒的唯一理由。因为对青少年来说，即便是少量饮酒也会造成非常可怕而深远的影响。对于饮酒给青少年造成的伤害，成人持有两大错误认识：首先，我们觉得年轻人的身体和头脑还不成熟，所以他们无法应对饮酒造成的即刻生理反应；其次，正因为他们非常年轻，我们总以为孩子们能更快地从饮酒的不良反应中恢复过来。青少年应该很容易复原，他们的生理机能正在高速运转，难道不是这样吗？

事实并非如此。首先，**和成年人相比，青少年的大脑更善于应对酒精的镇静作用，因此他们喝酒后不太容易醉倒，也不太容易动作失调。**γ-氨基丁酸是一种能够抑制突触触发的神经递质，酒精能增强其作用。研究者发现，在青少年的发育过程中，若干脑结构，包括控制运动协调的小脑所拥有的 γ-氨基丁酸受体数量仍在不断增加。正是由于 γ-氨基丁酸受体总量较少，主要脑结构（如小脑）没有被充分抑制，所以青少年，特别是年龄较小的青少年不太容易醉倒，其运动机能不太容易丧失，动作也不太会失调。但这意味着青少年对于酒精的耐受性更高，会促使他们不停饮酒。再加上青少年很喜欢参加社交活动，常常一起喝酒，来自同龄人的压力也会进一步促使他们酗酒。

青少年不容易醉倒的现象掩盖了饮酒对其大脑发育造成破坏性长期影响的事实。越来越多的证据显示，饮酒会损伤青少年的认知、行为和情绪机能。饮酒的青少年容易产生注意力缺陷、抑郁、记忆力下降，也较难集中精力实现特定目标。女孩受到的影响更大，这或许是因为她们的大脑发育开始较早。研究显示，饮酒会影响前额叶皮层，即执行功能中枢的大小和效率，此外饮酒也会影响海马的大小，而海马对学习和记忆至关重要。实际上，研究者已经证明，海马的大小和酗酒时间的长短直接相关。一个人越早开始酗酒，酒龄越长，其海马就越小。酒精会阻滞谷氨酸盐受体，而谷氨酸盐对新突触的形成极为重要，所以，酗酒的人往往有严重的记忆问题。

酒精可以直接影响突触，特别是那些与记忆相关的突触的工作方式。

我们在第 4 章介绍过突触、学习过程和长时程增强之间的关系。让我们看看酒精会产生什么影响。

在实验中，研究者对大鼠的海马切片进行一段时间的密集刺激（用以模拟记忆过程），然后测量突触端的长时程增强。正常情况下，学习过后，突触对于单个刺激的反应强度应该增加。但是，如果研究者将切片浸泡在酒精（也就是乙醇）里，施加相同的密集刺激，突触对于单个刺激的反应强度就不会增加了。如果研究者把酒精冲洗干净，一切又恢复了原状。

这可以解释醉酒为何常常伴随着记忆力下降。如果一个人的酒精摄入量较少或适中，那么被人们称为“鸡尾酒会记忆缺陷”的问题就会发生，此人可能会忘记别人的名字或部分对话内容。在实验室测试中，这种记忆缺陷表现为记不住单词列表上的单词，或无法识别新认识的面孔。如果酒精摄入量太大，摄入速度太快，俗称的“喝断片儿”就会发生，喝醉的人可能会记不住重要信息，或者完全记不得发生过什么[7]。海马甚至有可能严重受损，无法形成新的长时记忆。

最新的研究显示，青少年的记忆力更容易受到酒精的损害。让我们再回到长时程增强实验，虽然成年大鼠脑切片也会受到酒精的抑制作用，但与来自发育期大鼠的脑切片相比，它们的机能在酒精清除后恢复得更快（见图 7-3）。

从婴儿期到成年期，大脑内只有两个结构能够创造新的神经元，海马就是其中之一。海马的神经再生对学习来说很重要，而学习会受到酒精的影响。斯克利普斯研究所（Scripps Research Institute）的迈克尔·塔夫（Michael Taffe）利用灵长类动物研究酗酒在个体发育期对海马的影响。他发现，酒精不但会杀死海马内的神经元，而且会损害海马制造新神经元的能力。塔夫用处于发育期的恒河猴进行对照实验，在 11 个月的时间里，4 只猴子持续摄入酒精，相当于每天酗酒 1 小时。塔夫发现，猴子海马内的神经元数量大幅减少，而且神经干细胞的数量也大幅减少。干细胞负责产生全新的细胞，神经干细胞能制造新神经元。但在酒精的影响下，这些猴子脑内的干细胞无法分化为更成熟的细胞类型。猴子酗酒仅仅两个月后，神经干细胞数量就减少了。猴子酗酒 11 个月后，海马产生新神经元的数量下降超过一半。海马内剩余的神经元看起来也受到了损害。

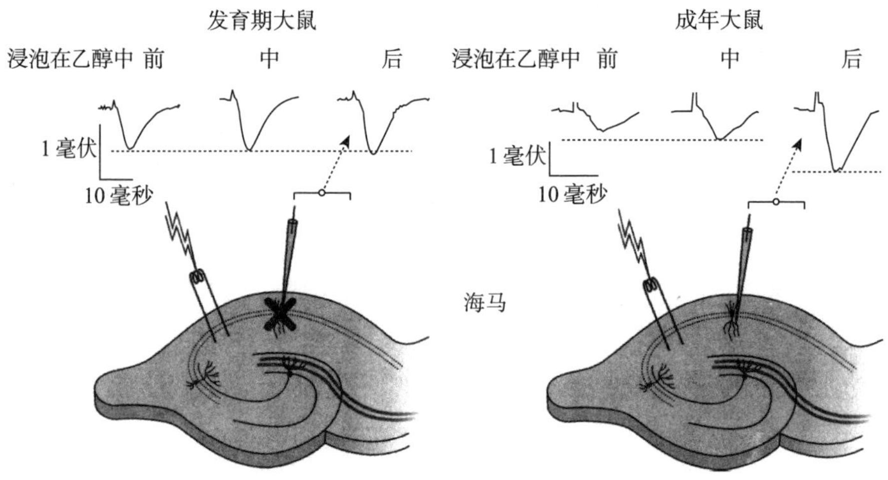

图 7-3 酒精对发育期大鼠长时程增强的影响胜于对成年大鼠的影响

实验人员将发育期大鼠和成年大鼠的脑切片浸入乙醇中，然后对其实施旨在诱发长时程增强的一阵刺激。结果两者的长时程增强都被抑制了，但成年大鼠脑切片恢复的速度更快。

资料来源：Reprinted from G. K. Pyapali et al., “Age and Dose-Dependent Effects of Ethanol on the Induction of Hippocampal LongTerm Potentiation,” *Alcohol* 19, no. 2 (Oct. 1999), 107-11, © 1999, with permission from Elsevier. Additional artwork by Mary A. Leonard, Biomedical Art and Design, University of Pennsylvania.

科学家认为，酒精对于记忆的损害随着酒精摄入量的增加而逐渐加重。酒喝得少，损害也比较小；酒喝得多，损害就会比较大。酒精会对海马将短时记忆转化成长时记忆的能力产生负面影响。

令人担忧的是，许多大学生都承认自己曾经喝断片儿过[8]。在 2002 年的一项调查中，一个问题是“你有没有喝醉了，半夜醒来后不记得自己做过什么或去过哪里的经历”。结果，51% 的受访大学生说自己曾经喝断片儿过，醒来后根本不记得自己做过的各种事情，如砸东西、打架、高危性行为、驾车，还有花钱。虽然喝断片儿的男女比例差不多，但女生喝醉比男生容易得多。这是因为两性存在生理差异，女性的体重一般比男性轻。考虑到上述差异，一些研究认为，在摄入等量酒精时，女性更容易受到轻度记忆损伤。

有关青少年酗酒的人类研究证实了酒精的巨大破坏作用[9]。酗酒的青少年叛逆、抑郁、焦虑，容易从事一些具有伤害性的活动。而他们的行为特质和情绪障碍远不止这些。研究显示，12 岁之前就开始喝酒的孩子具有多动、富有攻击性等人格特质，这些都预示着他们未来会出现更严重的酗酒问题。酗酒造成的伤害不是酒醒后就会消失的。科学家发现，酒精会损伤海马中一个名叫 CA1 的特定区域，该区域含有三角形的锥体神经元。这些神经元负责将自传体记忆，也就是有关个人经历的记忆送往长时记忆存储区域。酒精阻碍了这些神经元发挥自己的功能，因此自传体记忆无法形成。许多动物实验都显示，酒精对发育期个体记忆造成的损伤大于对成年个体造成的损伤。

在进行言语和非言语记忆测试时，偶尔狂饮的青少年比不喝酒的青少年表现得更差，女孩在视觉空间机能方面的表现尤其差。无论是做数学题、驾车，还是参加体育运动或记忆行动路线，视觉空间机能都是必不可少的。喝酒的男孩会出现比较严重的注意力缺陷，他们无法在一段时间内将精力集中在某一件略显无聊的事上。加州大学圣迭戈分校的精神病学家苏珊·塔珀特（Susan Tapert）博士是该领域的专家，她说，喝酒会让青少年的智力水平下降 10% 左右，相当于成绩从 A 掉到 B。

酒精损伤的不只是灰质。研究发现，酗酒同样会损伤白质。大家已经知道，髓鞘能提高信息在大脑内传递的速度和效率，青少年以及二十出头的年轻人大脑内的白质一直在发育。胼胝体是连接左右脑半球，使它们可以相互沟通的神经纤维束。酗酒青少年的胼胝体，特别是一个被称为压部的区域会受到损伤。压部很厚，呈圆形，和中脑重叠，该区域是与听觉、视觉、运动控制和睡眠节律相关的中枢神经系统的一部分。一项研究对 28 名青少年进行了调查，结果酗酒青少年大脑内的白质出现了更多异常。在被要求解决简单问题时，这些青少年前额叶皮层的活动水平较低，所以必须依靠其他脑区，如顶叶皮层来寻找问题的答案。研究者得出结论认为，饮酒会抑制青少年在决策时从不同来源收集信息的能力，迫使他们使用更少的策略来学习新知，并损害他们的情绪机能。另一项研究显示，青少年的酒龄越长，戒断症状越明显，他们的白质就被破坏得越厉害。

酒精依赖会导致两种普遍的戒断效应：前额叶皮层反应迟缓以及多巴胺受体数量减少。后者会增加酗酒者对酒精的耐受性，意味着他要喝更多酒才能像原来一样感觉轻飘飘。不仅如此，研究者还认为，酗酒对青少年尚未发育成熟的前额叶皮层所造成的影响会增加酗酒者对酒精的渴望。实际上，和那些从 21 岁开始喝酒的年轻人相比，从 15 岁甚至更早就开始喝酒的儿童和青少年今后对酒精产生依赖的可能性是前者的 4 倍。

导致青少年饮酒的最大风险因素就是家族酗酒史。约有 700 万 18 岁以下的青少年生活在拥有酗酒史的家庭里。研究者发现，在导致酒精依赖的原因中，遗传因素占了一半，在剩下的另一半中，环境因素又占了大半。社会学习专家发现，儿童，特别是青少年，会把他们最看重的成人或与他们接触最密切的成人视为学习榜样。如果家长或监护人严格禁止孩子喝酒，而且对孩子严密监管，那么孩子酗酒的可能性就较小[10]。宾夕法尼亚州立大学的凯特琳·阿巴尔（Caitlin Abar）对 300 名青少年及其家长进行了调查，她发现，如果家长打心眼儿里不希望自己的孩子喝酒，他们的孩子上大学后酗酒的可能性就会比较低。反之亦然。不仅如此，如果家长管教不严，孩子们也更容易找到在酗酒方面志同道合的伙伴。

研究者认为，家长的错误在于，相信允许孩子在家里和朋友喝酒会让他们在饮酒方面变得对自己负责。荷兰研究者哈斯克·范德福斯特（Haske van der Vorst）认为，事实上，“青少年在家里喝的酒越多，他们在其他地方喝的酒就越多，而且他们 3 年后出现酗酒问题的风险也会上升”[11]。

另一方面，研究者也发现，如果家长一直告诫孩子不要喝酒，并和他们讨论饮酒的危害性，孩子的行为就会受到积极影响。阿巴尔发现，家长能够塑造孩子的行为，至少在孩子离家生活前是这样。在我儿子上高中时，发生了很多青少年趁父母外出时在家中非法饮酒的事。作为一个单亲妈妈，我别无选择，只能用一把锁锁住家里的酒柜，以免自己无法尽到家长的责任。这种做法让我非常放心，特别是当我外出或早睡，孩子和朋友们在地下室玩耍而无人监管的时候。我衷心希望孩子班上同学的家长也能这么做。如果你想做一个称职的家长，那就要不厌其烦地给其他父母打电话，问清楚在他们家举办的派对会不会有意外状况。我尽量不让孩子知道自己联系过他同学或朋友的父母。如果有家长因为相同的原因打电话给我，我将感激不尽。我当然不会以为他们提出的问题是针对我个人的，任何家长都不应该这么想。

THE TEENAGE BRAIN

致家长

我们应该循序渐进地和孩子讨论喝酒的好与坏。他们易受影响、渴求各种信息，所以，如果你把有关饮酒的科学研究数据告诉他们，以便其做出理性判断，那么这种学习过程便是有效的。

A NEUROSCIENTIST'S SURVIVAL GUIDE TO RAISING ADOLESCENTS AND YOUNG ADULTS

每周周末，都会有成千上万的青少年端起酒杯，其中有许多人喝得太多了，一些人甚至喝断片儿了。这些孩子的头脑多多少少都会受到一定损伤，这些损伤的影响可能是永久性的。这些孩子中还会有不少酒后驾车，或坐上醉汉开的车。绝大部分孩子能够安全回家，但有一些可能永远回不来了，就像酒后倒在泥水坑里窒息而死的泰勒·迈耶。2009 年，泰勒死后一个月，警方在离废弃机场不远的地方逮捕了十几个聚会醉酒的青少年。许多孩子带上了粉色丝带，他们聚在一起，为了纪念逝去的朋友而举杯痛饮[12]。

大麻

美国公众对大麻的态度分为截然不同的两派。一方面，许多人觉得抽大麻和喝啤酒没什么差别。医生用大麻为病人镇痛。一些州也已经将大麻合法化。但另一方面，有研究显示，吸食大麻会让人接触更烈性的毒品，而且会让个人的智力水平下降。由此看来，我们对大麻感到困惑也就不足为奇了。最近，一些显示特定化学物质如何影响大脑的突破性研究证实，吸食大麻存在风险，特别是对青少年而言。关于大麻，有一点毫无争议：各阶层都有喜欢抽大麻的人，无论是来自内陆城市里为生存打拼的穷人，还是汉普顿纸醉金迷的富人，总有人热爱大麻。由于华盛顿州和科罗拉多州已经将大麻合法化，将大麻奉为相对良性主流娱乐药物的运动正在加速。

现如今，在美国的大多数地方，社会已经不像以前那样对吸食大麻难以容忍。即便如此，神经科学研究却渐渐让我们看到，大麻并不像我们原来所想的那样安全，各年龄段的吸食者都会受到不同程度的影响。许多专家现在认为大麻是一扇通向更危险非法药物的“大门”[13]。它会损伤吸食者的心理机能，破坏他们的动作协调性，甚至会危害公共安全，因为有人会在抽完大麻后开车。

THE TEENAGE BRAIN 青春期的故事

我曾经听到过这样一个故事：一个年轻人从13岁起就开始经常吸食大麻，一直抽到二十几岁。他说虽然已经有几年不碰大麻了，但还是觉得自己好像生活在云里雾里。他不敢开车，因为觉得自己无法集中注意力。他说话断断续续，连把话说清楚都不是一件特别轻松的事。他说自己焦虑、抑郁、偏执。他惊讶于自己的母亲还能清楚记得儿时发生的各种事情，而他自己儿时的记忆却淹没在一片混沌之中。

在12岁以上的美国人中，有超过1亿人承认自己曾经吸食过大麻。虽然吸食大麻入罪已经有七十多年了，但大麻依然是全球最受欢迎的违法药物[14]。联合国毒品和犯罪问题办公室（United Nations Office on Drugs and Crime）的数据显示，全球每年有2亿多人吸食大麻，年轻人是这批瘾君子的主力军，而且个人开始吸食大麻的平均年龄也在不断降低（见图7-4）。

实际上，大麻已经超过酒精，成为导致青少年健康问题的罪魁祸首。在过去5年里，吸食大麻已经成为康复中心中三分之二的青少年入院治疗的原因，这些孩子的年龄在15~19岁之间。同一时期，因为酗酒而入院治疗的同年龄段青少年只占近三分之一。康涅狄格州一家康复医院主要收治来自纽约市及郊区的瘾君子，该院主管最近对我说，在过去5年里，该院病人的主力军已经从成人转为17~25岁的年轻人。这些人往往吸食多种毒品。

大麻素是一类独特的分子化合物或代谢物，其中包括四氢大麻酚（THC），吸食大麻引发的生理及精神药理反应主要是由四氢大麻酚造成的。大麻会改变吸食者的意识状态，使其感到放松、愉悦，甚至欣快。一般的感官体验，如进食、听音乐或看电视所产生的感受会变得更为强烈。大麻通常会使焦虑水平下降，但有时也会让人变得更焦虑，还可能导致抑郁和偏执。吸食大量大麻会让人变得无精打采、懒懒散散，还会偶尔让人感到困惑、出现幻觉和恶心。大麻的即刻反应约在吸食后 15 分钟内产生，其他反应则可持续 3~4 小时。

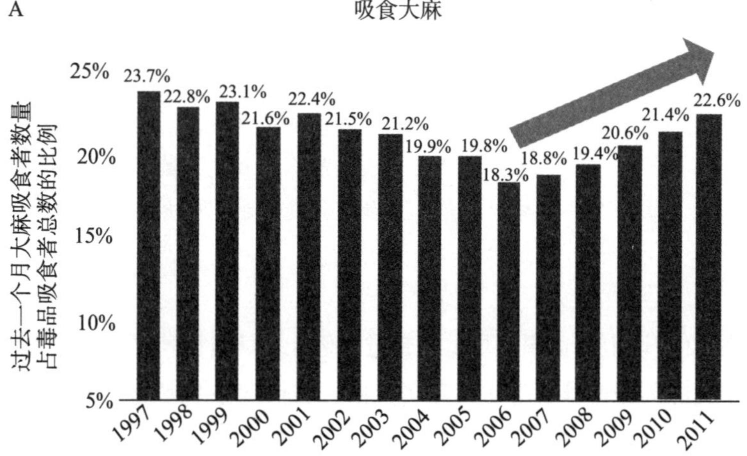

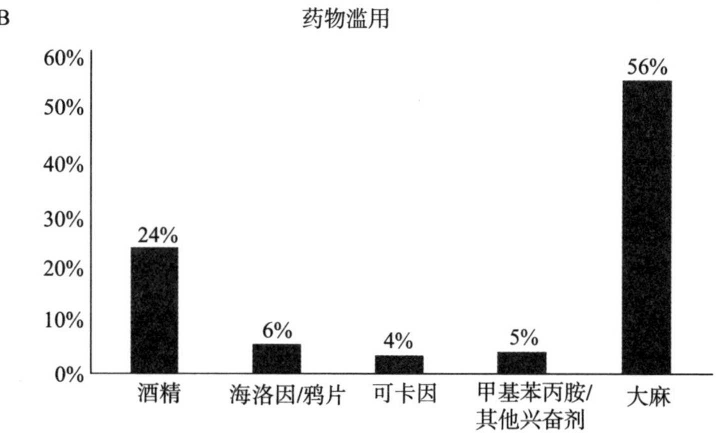

图 7-4　过去十几年间青少年吸食大麻的比例显著上升

资料来源：A: Adapted from National Monitoring the Future Study 1997-2011 by Mary A. Leonard, Biomedical Art and Design, University of Pennsylvania. Available at http://files.eric.ed.gov/fulltext/ED529133.pdf. B: Courtesy of Substance Abuse and Mental Health Services Administration, Department of Health and Human Services, National Treatment Episode Data Set 2007, adapted by Mary A. Leonard, Biomedical Art and Design, University of Pennsylvania. Available at http://www.samhsa.gov/data/DASIS/TEDS2k7AWeb/TEDS2k7AWeb.pdf.

此外，大麻还会让吸食者的食欲大增，这是一种神经生物反应。意大利科学家最近发现了导致这一现象的原因：大麻似乎能影响下丘脑，该结构负责调节食欲。

四氢大麻酚是大麻素中让人产生快感的精神活性成分。一些人在吸食大麻后会踉踉跄跄、动作失调，这是因为四氢大麻酚对小脑产生了影响。该成分还会对大脑的感觉区域产生影响，并导致下列症状：言语不清、对声响极度敏感、听觉和视觉失真，以及感知到的时间流逝速度变慢或变快。

孩子们现如今吸食的大麻和几十年前不可同日而语。1985 年，大麻制品中的四氢大麻酚平均浓度不到 4%。2009 年，这一比例已经接近 10%。

对青少年来说，吸食大麻的最大问题在于，这会打断正常神经通路的发展。青少年大脑内的白质还在生长，各区域之间的连接尚未完成，因此，这种干扰对他们造成的损伤尤其严重。

家长有时会问我，孩子为什么说他们需要通过吸食大麻来放松自己。这一部分是因为青少年头脑的激活频率高于成人，这让他们更容易感到压力，因此也就更需要解压。抽大麻便成了一种释放压力的手段。科学家发现，四氢大麻酚能够影响痛觉的抑制过程[15]。2011 年，爱尔兰国立大学高威分校（National University of Ireland, Galway）的科学家发现，抑制疼痛的一个关键便是由海马产生内源性大麻素。他们还发现，在个人感觉压力重重时，海马在抑制疼痛方面发挥了积极作用。进化科学家很早就发现，疼痛抑制或痛觉缺失是帮助人类逃离险境的重要生理机能。

科学家一度相信，跑步者之所以能在奔跑过程中获得快感也是因为内啡肽。不过他们现在普遍认为，高强度体育锻炼让人感到欣快和放松的原因非常复杂。研究者培养出了一个小鼠品系，这些小鼠体内负责产生内源性大麻素的基因被删除了。结果，它们跑动的时间减少了 40%。如果人们跑步或进行高强度锻炼是为了体验那种快感，那么内源性大麻素至少是一种主要驱动力。从进化角度来看，这也说得通，因为在原始社会里，跑步耐力不错的人能够更好地追踪猎物，或从险境中逃脱。

杏仁核的一小部分负责产生敬畏感，该区域内的内源性大麻素受体特别多。这个区域还会告诉我们哪些信息是新的，哪些是旧的，这样，在碰到新奇刺激的时候，我们就能给予其足够的注意。大麻吸食者声称，在大麻产生作用时，色彩看起来更美丽，音乐听起来更美妙，味道也变得更浓烈。这是因为四氢大麻酚让杏仁核的相关部分反应过度了，这会导致大麻吸食者的情绪中枢觉得什么事物都是新鲜的。青少年的头脑本来就对新鲜事物很敏感，因此也就特别容易受到这种过度刺激的影响。正是出于这一原因，青少年比成人更难戒除大麻。

个体吸食大麻后，杏仁核会出现更多问题。已经被四氢大麻酚过度刺激的杏仁核所拥有的有效内源性大麻素受点数量减少，这意味着，大脑需要受到更大刺激才有兴趣学习新事物。那么如何增加刺激呢？当然是吸食更多大麻。对青少年来说，这种大麻“饱和”状态很快就会导致成瘾。

《420 次》(*420 Times*) 自称是“一本有关医用大麻和自然治愈法的杂志”。在该杂志负责运营的博客上，有位男士最近发了一个帖子，说吸食大麻的女儿让他伤透了脑筋[16]，具体内容如下。

THE TEENAGE BRAIN 青春期的故事

我是一个 30 多岁的父亲，家庭经济状况属于中产阶级上层。我抽过几次大麻，但并不喜欢这玩意儿，我也不喝酒。我支持大麻合法化，但前提是，社会必须为吸食者提供健康和支持性的环境，而且只有那些能够对自身行为负责的人才能使用这些药物。

我女儿 15 岁了，各方面都表现出色，而且是一个绝对值得信赖的孩子。她的成绩一直是A，平时也不生事胡闹。

我们给女儿很大的自由空间，但却发现，在过去两个月里，她一直瞒着我们和朋友一起抽大麻、喝酒。我们现在已经不准她随便外出了。最让我气恼的倒不是女儿抽大麻，而是她欺骗我们，瞒了我们几个月。

当被告知不许再抽大麻时，女儿崩溃了，她哭着说自己“离不开”它，说自己不会停止吸食大麻。但这些言行恰恰说明她不该再碰那玩意儿了。

吸食大麻是否会导致潜在的脑损伤主要取决于吸食者开始抽大麻的年龄。刚刚步入青春期的孩子吸食大麻成瘾的可能性是一般吸食者的两倍，16 岁前便开始抽大麻的人更容易出现注意力缺陷，在他们进行有关计划、灵活性和抽象思维的测试时，错误率是普通人的两倍。而且吸食者的年龄越小，他们的大麻使用量就越大。简言之：大麻抽得越早，滥用情况越严重，危害也就越大。

健忘是出现最多的与吸食大麻有关的认知缺陷。四氢大麻酚会影响长时程增强，还会削弱谷氨酸盐受体的激活，该受体负责在记忆过程中建造新突触。不仅如此，大麻素对青少年产生的作用会延续数日，对成人的影响则没那么长。许多研究均显示，年龄介于 30~35 岁之间的人如果经常大量吸食大麻，那么他们在吸食大麻后的数日乃至数周时间内，记忆力和学习能力会维持在较低水平。但 28 天后，上述问题便不再出现。吸食少量大麻的青少年也出现了上述记忆力和学习能力问题，但如果他们持续吸食大麻，这些认知能力问题不会彻底消失，一些吸食者的问题可能会延续数月，乃至数年之久。

更让人担忧的是，青少年长期吸食大麻和智商水平下降存在一定联系[17]。

在过去5年里，若干研究显示，如果一个人在17岁之前便开始吸食大麻，而且每天都抽，那么他的言语智商会下降得特别明显，较晚开始吸食大麻者的情况则没那么糟（见图7-5）。上述研究还用功能性磁共振成像技术显示，这些青少年大麻吸食者在进行决策时，其脑区的激活特征和常人不同，这让上述研究发现变得更有意义。

科学研究还发现，大脑皮层上负责识别错误的重要区域会受到大麻的抑制，这会让人难以审视自己的思维和行为。神经病学家和神经科学家将无法识别错误这种特征与若干神经病理状态联系在一起，其中就包括精神分裂症患者的妄想。有证据显示，精神分裂症患者大脑内的白质比常人少[18]，而长期吸食大麻的青少年也表现出这种特征。这些青少年患上精神分裂症的风险也比常人高出2~5倍。

在《多伦多明星报》（*Toronto Star*）2010年刊载的一篇文章[19]中，南希·怀特（Nancy J. White）为我们讲述了这样一个故事。

THE TEENAGE BRAIN 青春期的故事

17岁的唐·科贝伊（Don Corbeil）坐在地下室和朋友一起抽大麻，他第一次觉得有好多摄像头正在监视他。没过多久，他觉得有人在自己大脑内植入了放射性芯片，并对此深信不疑。“我觉得自己就像实验室里的老鼠一样受到监视。”他解释道。

他从来不觉得这一切是大麻在捣鬼。科贝伊从14岁起便开始吸食大麻，现在每天要抽上10卷。

他开始幻听，还一度认为自己是救世主。一天，警方发现他语无伦次，于是将其送往医院，结果他被诊断患有药物引发的精神病。

科贝伊还吸食其他毒品，如迷幻剂和摇头丸，但他主要吸食大麻。

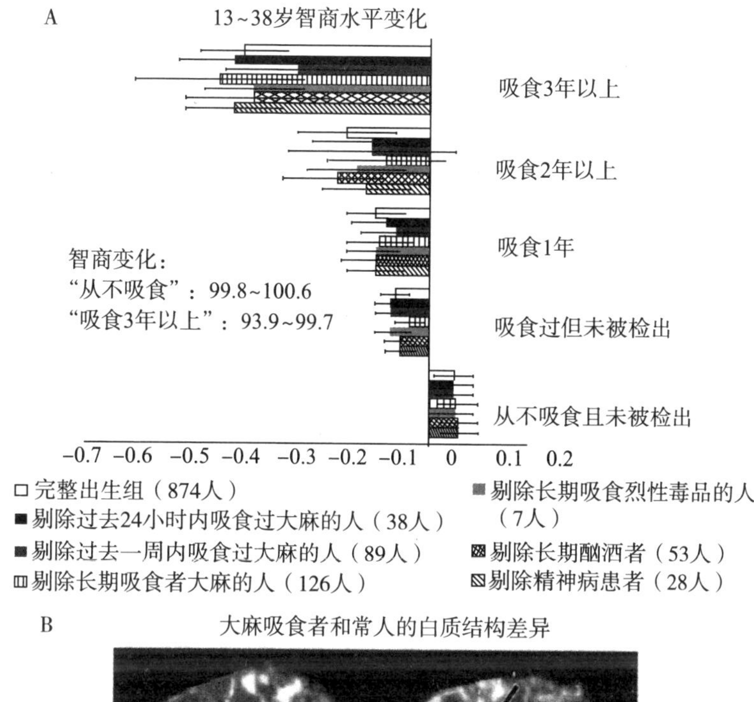

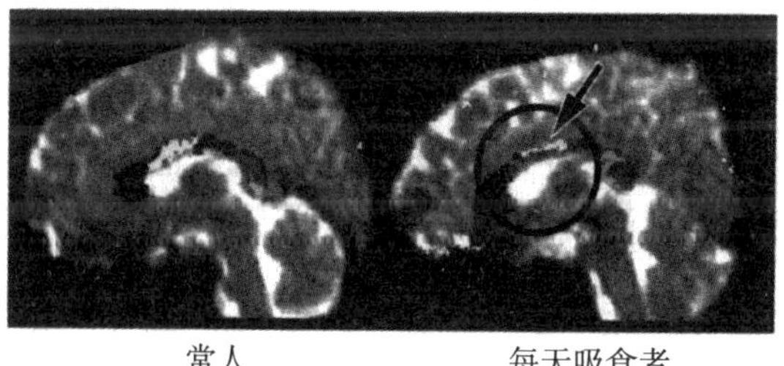

图 7-5　长期吸食大麻对青少年大脑内灰质和白质的影响

A. 如果一个人在 17 岁之前便开始吸食大麻，且长期吸食，那么他的智商水平会下降（吸食时间越长，下降幅度越大）。B. 脑成像研究显示，长期吸食大麻的青少年，其胼胝体（连接左右脑半球的结构）的白质较薄，上面覆盖的髓磷脂较少。

资料来源：A: Reprinted with permission from M. H. Meier et al., “Persistent Cannabis Users Show Neuropsychological Decline from Childhood to Midlife,” *Proceedings of the National Academy of Sciences* 109, no. 40 (Oct. 2, 2012), E2657-64, copyright 2012 National Academy of Sciences, U.S.A. B: Reprinted with permission from D. Arnone et al., “Corpus Callosum Damage in Heavy Marijuana Use: Preliminary Evidence from Diffusion Tensor Tractography and TractBased Spatial Statistics,” *NeuroImage* 41, no. 3 (July 1, 2008), 1067-74, © 2008, with permission from Elsevier.

英国开展的一项研究证明，吸食大麻是诱发精神分裂症的一个重要原因，而且吸食大麻会将个人罹患精神病的风险提高一倍[20]。最近的一项研究对近2 000名青少年进行了长期跟踪调查，结果发现，与不吸食大麻的青少年相比，吸食大麻的年轻人在之后10年间患上精神病的概率是前者的两倍。另一项研究得出结论，在儿童期后期和青春期早期开始吸食大麻会让精神病的行为特征提早3年出现。

其他精神疾病也与大麻有关。加拿大成瘾与精神健康中心（Centre for Addiction and Mental Health）的一位科学家调查了14 000多人后发现，几乎天天吸食大麻的人不仅患上精神病的概率比常人高出一倍，而且患上焦虑症和心境障碍（如抑郁症）的风险也比一般人高一倍。2010年，荷兰心理健康和成瘾研究所（Netherlands Institute of Mental Health and Addiction）利用世界卫生组织在17国收集的有关5万名成人的数据展开研究。荷兰科学家发现，早期吸食大麻的人在17岁后被临床诊断为抑郁症患者的风险比常人高出50%[21]。还有一项规模宏大的研究对数万名瑞典年轻士兵进行了长达十多年的跟踪调查。结果，与不吸食大麻的士兵相比，吸食大麻50次以上的士兵患上精神病的概率是前者的6倍。

为什么会这样呢？原因我们先前已经提到过。基础研究显示，如果青少年在大脑发育时期接触大麻，那么他们大脑内的诸多区域，如海马和大脑皮层内的神经递质受体会发生改变，这会影响青少年的认知过程。此外，伏隔核也会受到影响，这会导致青少年更容易对其他物质成瘾。当然，上述影响的方向也可以反过来。烟草中的尼古丁能改变大脑内大麻素受体的数量，进而增强大麻对大脑产生的作用。

自从大麻成为辩论议题以来，人们就一直在争论它是不是通向烈性毒品的“入门”药物。至少有一位相关专家告诉我说，他认为大麻是，但导致其成为“入门”药物的原因并不像我们所想的那样来自同龄人的压力，而是因为青少年一旦吸食了大麻，就很难忍住不去尝试其他毒品。

“假如一个孩子从 13 岁开始吸食大麻，”这位专家解释说，“你会发现，这种孩子周围的人往往也在尝试其他毒品。由于额叶尚未发育完全，他很难拒绝新的尝试。这个孩子已经体验到了抽大麻的快感，在他看来，尝试另一种毒品又有何妨。”

另一个鲜为人知的事实是，大麻烟中的两种有害成分烟焦油和一氧化碳的含量是香烟的 3~5 倍。美国肺脏协会（American Lung Association）提供的数据显示，抽 5 支大麻烟所吸入的有毒成分等同于抽一整包香烟。大麻吸食者喜欢让大麻烟尽可能长地停留在肺部，而与烟草点燃后的烟相比，大麻烟内的致癌物质多出 50%~70%。有人抽大麻时使用大麻烟斗，希望用水来过滤有害物质，但大麻的主要致癌成分是不溶于水的苯并芘。

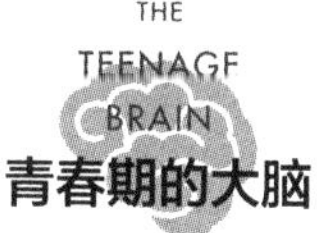

政府和社会应该让所有家长都了解上述研究成果，我们要传递的信息非常明确：就吸食大麻而言，青少年的头脑并不像成年人的头脑那样容易复原。青少年特别容易受到大麻的不良影响，因为他们正处于两个最复杂脑区的关键发育期，这两个区域便是额叶和前额叶皮层。恰恰是这两个区域受到大麻的影响最大。这可不是小问题。日常生活所需的基本认知功能都离不开它们，无论是进行抽象思维、顺应环境变化做出改变，还是抑制不当的反应，额叶和前额叶皮层都是不可或缺的。

最近的研究显示，害怕失去父母的信任和尊重是阻止青少年接触毒品的最大威慑[22]。当然，他们不会对你这么说，但在研究者提出相关问题时，大多数从来不碰毒品的青少年回答说，他们之所以这么做是因为父母不希望他们涉毒，接触毒品会让父母伤心。

THE TEENAGE BRAIN

致家长

所以，无论孩子是否愿意当着你的面承认这一点，你都要好好利用他们的这种心理。在谈论有关毒品的问题时，各位不要只讲大道理，而是应该尽力提供可靠的研究数据和真实案例。你要搞清楚孩子的目标到底是什么，以及他们最在乎什么。你要向他们反复强调，上大学、申请奖学金、参加校运动队以及考驾照都需要清醒的头脑，但吸食大麻会让脑子糊里糊涂，上述任务都将变得难以达成。当然，为了让自己变得有说服力，你需要熟知大麻对头脑产生的各种作用。此时，本书就能派上用场。当孩子反驳说，大麻无害，既能让人飘飘欲仙，又不会产生什么负面影响时，你应该知道如何回应。让我们打个比方，假如你儿子说吸食大麻能让他放松，帮助他释放压力，那么你就必须提醒他，人这一生，压力始终如影随形，你不能永远依靠大麻来解决问题。正确的方法是找到导致压力的原因并积极应对，而不是用药物来逃避现实。重复很重要，即便孩子们不喜欢家长唠叨，但千万别以为，只和孩子们谈一次就能保证他们远离大麻。因此，我总是不遗余力地借助各种新闻、身边案例以及科学新发现，把大麻、烟草、酒精以及烈性毒品的各种负面影响一遍又一遍地转述给孩子们。不要害怕儿女嫌你唠叨，因为你说过的话真的会在他们的头脑中留下印记。

A NEUROSCIENTIST'S SURVIVAL GUIDE TO RAISING ADOLESCENTS AND YOUNG ADULTS

有关大麻对青少年大脑发育影响的研究成果已经为我们敲响了警钟。大麻在大脑发育这一关键阶段产生的干扰和阻滞作用会影响青少年的整个大脑发育进程。一些负面影响要在他们长大成人后才会显现出来。家长、老师和监护人如果忽视这些研究发现，就是在害孩子。

烈性毒品

THE TEENAGE BRAIN 青春期的故事

2004 年 4 月 23 日，来自加利福尼亚州的 14 岁女孩艾尔玛·佩雷斯（Irma Perez）因为错走一步，而输掉了整个人生[23]。她姐姐伊梅尔达（Imelda）说，艾尔玛那天去参加一个聚会，有人递给她一颗摇头丸（3, 4- 亚甲基二氧甲基苯丙胺），这是一种合成兴奋剂和轻度的致幻剂。艾尔玛吞下这颗药不久后便“呕吐不止，痛得在地上直打滚”，但她的朋友因为害怕自己的不当行为暴露而迟迟没有报警，也没及时送她去医院，就这样耽搁了几个小时。

更糟的事情还在后头，在其协助创办的网站 www.nationalparentvigil.com 上，伊梅尔达这样写道：

他们试图让艾尔玛服用大麻，以为这样就能缓解她的症状，因为他们听说大麻也是一种能够治病的药。艾尔玛就这样挣扎了几个小时。第二天早上，她的朋友们终于决定送她去医院，但艾尔玛的情况已经十分危急。5 天后，医生关掉了连接她身体的生命保障系统，艾尔玛就这样走了……她的具体死因到底是什么呢？法医专家莱斯利·埃弗里（Leslie Avery）和彼德·本森（Peter Benson）说，艾尔玛的脑部因为缺氧而肿胀。“她的小脑不堪巨大的颅压而破裂了。”本森在《圣马特奥市日报》（*San Mateo Daily Journal*）刊载的一篇文章中如是说。

从2006年开始，在每年的一个特定日子，成百上千的普通美国人都会在禁毒署（Drug Enforcement Agency）位于弗吉尼亚州阿灵顿郡的总部门口聚集，举行令人感伤的烛光守夜仪式。这项活动最初由8对父母发起，名为“为背弃的诺言守夜：纪念那些因为毒品而逝去的生命”。大多数参加这项活动的人都是因为自己的孩子、亲人或好友被毒品夺去生命而来到这里，他们所纪念的大多数人是十几岁或二十出头的青年，海洛因、可卡因以及被滥用的处方药葬送了这些年轻的生命。在这项活动的网站上，150多个名字被写在了虚拟纪念墙上。他们都是毒品的牺牲品。

虽然毒品滥用状况连续10年有所好转，但戒毒伙伴组织（Partnership at Drugfree.org）和大都会人寿基金会（MetLife Foundation）于2011年开展的全美调查显示，摇头丸在青少年中的吸食率上升了67%。服用摇头丸会产生许多有害的副作用，如思维混乱、焦虑、心律不齐、癫痫发作、睡眠障碍、肝脑损伤，甚至还有死亡。2013年9月，纽约电子动物园音乐节举办期间，摇头丸造成了两死四伤的严重后果[24]。20岁的奥利维娅·罗通多（Olivia Rotondo）在倒下前，对医务人员说的最后一句话是“我刚嗑了6粒‘迷魂药’”。数小时后，她便离世了。

除了上述不可预测的致命影响外，长期服用摇头丸还会损伤个人的短时记忆和学习能力，会破坏5-羟色胺的生产，这种神经递质对于调节心境至关重要。在2008年的一项研究中，荷兰科学家发现，人类和动物的白质以及海马的发育会受到摇头丸的持续破坏，即便摄入剂量较小也不能幸免。由于青少年大脑内的白质还不成熟，仍处在发育过程中，所以与成人的大脑相比，他们的大脑更容易受到摇头丸的破坏。特别是这种毒品对5-羟色胺细胞具有毒性，所以会极大地干扰记忆和心境。如果实验大鼠在发育期接触了苯丙胺，成年后的它们会在接受测试时表现出工作记忆受到了极大损害，前额叶皮层的机能被严重干扰。但是，如果大鼠在成年后再接触苯丙胺，上述损伤就不会出现。更糟的是，虽然青少年的头脑更容易受到可卡因和苯丙胺的负面影响，但是他们的运动协调性反而没那么容易受影响。所以，上述实验也发现，对于此类毒品导致的生理反应不敏感是个体药物成瘾的一大原因。一个磕了药却依然活蹦乱跳的青少年更有可能再次服药，直至成瘾。

摇头丸的问题不仅限于短期影响。实验室研究显示，处于发育期的个体如果接触 3, 4- 亚甲基二氧甲基苯丙胺，大脑内几乎所有系统的突触都会发生变化，其中就包括 5- 羟色胺系统。而 5- 羟色胺水平的下降会增加抑郁的风险，增强应激反应。而应激又会影响负责调节学习和记忆过程的谷氨酸盐受体。

许多研究都在关注像摇头丸和可卡因这样的毒品为何对青少年具有这么大的危害性，此类研究每天都有新的发现。这些发现拥有一条相同的逻辑：由于青少年的头脑还未成熟，而这些药物又直接作用于大脑内的化学机制，所以青少年特别容易受其影响。最近开展的大鼠研究发现，未成年个体的大脑更容易受到低剂量可卡因的影响，毒品引发的各种症状也更严重。这些大鼠的大脑也更渴望得到可卡因所提供的奖励，这意味着上述未成年大鼠更难自制，所以与成年大鼠相比，它们成瘾的速度更快，程度更深，毒瘾更难戒除。上述研究发现与人类有极大的关系：10 个瘾君子中有 9 个是在 18 岁之前开始接触毒品的。

青少年处理可卡因的方式与成人不同。最重要的是，可卡因是一种兴奋剂，它会刺激大脑内多巴胺的释放，但青少年大脑内多巴胺的释放数量超过成人。青少年有两个脑区特别容易受到可卡因的影响：一个是作为奖赏中枢的伏隔核，另一个是帮助个体形成习惯的背外侧纹状体。青少年可卡因吸食者大脑内这两个区域的多巴胺浓度高于成人吸食者[25]。马萨诸塞州贝尔蒙特市的麦克林医院（McLean Hospital）的一位研究者参与了相关的大鼠研究，他将这些区域比作“生化快车道”。在加拿大进行的另一项类似研究显示，在接触相同剂量的可卡因时，未成年大鼠在笼内跑动的速度比成年大鼠更快（见图 7-6）。

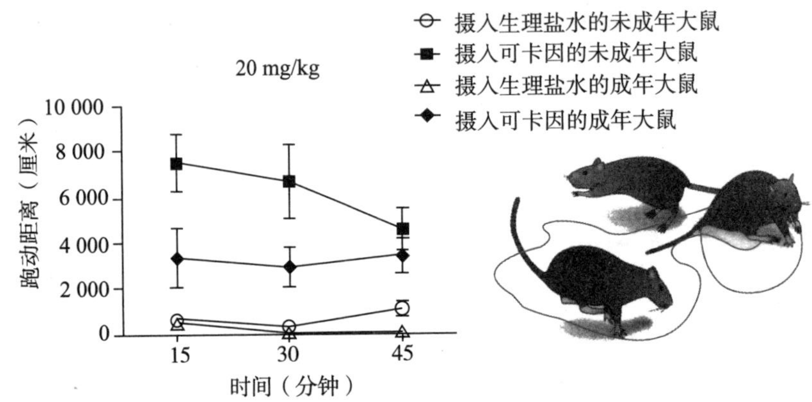

图 7-6 可卡因对未成年大鼠的影响更大

无论成年与否，摄入可卡因的大鼠都比先前跑得更快，但未成年大鼠比成年大鼠跑得更远。

资料来源：Reprinted from A .L. Wheeler et al., “Adolescent Cocaine Exposure Causes Enduring Macroscale Changes in Mouse Brain Structure,” *Journal of Neuroscience* 33, no. 5 (Jan. 30, 2013), 1797-1803a, with permission from Society for Neuroscience. Additional artwork by Mary A. Leonard, Biomedical Art and Design, University of Pennsylvania.

对毒品的渴求和欲罢不能是成瘾的标志。正是由于许多毒品的作用目标是青少年大脑内活跃的奖赏系统，所以他们成瘾的速度更快，程度更深。由于青少年的伏隔核尚未成熟，所以它的运行特征就是尽力以最小的成本获得最大的快感。实际上，从开始尝试毒品到每周都要吸毒，青少年一般只需短短 3 个月。

另一个让人担心的问题是，大鼠研究显示，未成年大鼠大脑内的高浓度多巴胺会永久改变其处理信息的方式，使大鼠在成年后更容易对毒品成瘾。我们刚才提到，加拿大科学家发现未成年大鼠对可卡因的反应更灵敏，他们还发现，这些大鼠大脑内的许多结构都发生了永久性变化，这些结构包括伏隔核、纹状体、脑岛皮层、眶额皮层和内侧前脑束，它们都与成瘾有关。同样令人担忧的是，即便大鼠停止摄入毒品一个月，这些变化依旧存在，这说明可卡因的作用是永久性的。

对大脑来说，可卡因这种药物是极致诱惑。其他受欢迎的兴奋剂包括苯丙胺和甲基苯丙胺。美国四分之一的高三学生承认自己服用过像“快速丸”这样的兴奋剂，在西南部和中西部乡村，青少年服用苯丙胺的比例是全美均值的两倍。

和可卡因一样，苯丙胺和甲基苯丙胺也能增加大脑内多巴胺的浓度，并让个体产生欣快感。用于治疗注意力缺陷多动障碍的药物被青少年滥用的情况也变得越来越严重。这些药物常被用于非处方用途，青少年用它们熬夜学习，或在做作业、写论文时用它们提神、集中注意力。但由于利他林、阿得拉和专注达（Concerta）这些用于治疗注意力缺陷多动障碍的药物是兴奋剂，因此它们也会导致成瘾。

在美国高中生所吸食的毒品中，海洛因的增长速度最快。伊恩·伊卡里诺（Ian Eaccarino）很快就无法离开大麻和其他毒品了[26]。他花了近两年时间试图戒毒。在勇于直言（Courage to Speak）网站上，他的母亲金杰·卡茨（Ginger Katz）写下了20岁的儿子吸食海洛因迅速上瘾的故事：

> 伊恩离世前9个月，他和两个朋友第一次吸食海洛因。当时他上大学二年级。这3个男孩，一个胆怯了，一个生病了，而伊恩却爱上了毒品。最终，儿子步入了戒毒康复中心，他对我说：“妈妈，大学里到处都是毒品。如果你没钱，他们会让你免费试用，随后你便成瘾了。”

一天早上，卡茨在家中发现了儿子冰冷的尸体，他因为过量吸食海洛因而死亡。

> 在他去世的前一天晚上，我意识到他复吸了。他知道我很害怕，也很心痛，所以对我说：“妈，我明天早上去看医生，我也不想和朋友一起住了。”这是他许下的诺言。过了一会儿，他上楼去，

在楼梯上对我说：“妈妈，我很抱歉。”这句话一直回响在我耳边。我万万没想到，他会再次下楼吸食海洛因。即便心中充满了悔恨，他还是抵御不了毒品的诱惑。

在过去10年里，处方药的滥用变得越来越严重。美国15%的高三学生承认自己滥用过镇静剂，特别是属于处方药的安定（Valium）、劳拉西泮（Ativan）、氯硝西泮（Klonopin）和阿普唑仑（Xanax）。洛克菲勒大学的研究者发现，接触奥施康定（有麻醉作用的羟考酮）的青少年因为大脑内奖赏中枢发生永久性改变而遭受了终身脑损伤[27]。就像年轻的头脑会自己进行修剪一样，奥施康定似乎能让神经细胞保留超出正常数量的多巴胺受体。像奥施康定这样的镇痛剂会激活大脑内的鸦片剂受体，并在大脑的奖赏中枢中促进多巴胺的大量释放。

青少年染上毒瘾的危害性特别大，因为当他们长期吸食毒品后，大脑为了应对数量过多的多巴胺，会减少多巴胺受体的数量，这意味着毒品引发的欣快感会减弱，这叫作耐受性。这样一来，为了追求同等程度的快感，成瘾者必须吸食更多毒品。由于他们大脑内的奖赏通路太容易因为受到刺激而兴奋，戒断反应很快就会出现。对青少年来说，这种反应出现的可能性比成人更大，这会让他们变得更容易焦虑、发脾气和抑郁，因此，他们会更急切地希望通过吸食毒品来摆脱这些负面情绪。

说了这么多，我们应该已经认识到：让青少年变得冲动、叛逆、不听管教的大脑过程恰恰也让他们更容易陷入毒品的漩涡。不成熟的前额叶皮层意味着青少年难以控制冲动，不考虑行为的后果，用来让头脑保持冷静的方法也较少。此外，青少年的伏隔核比成人更活跃，这意味着他们对于那些以最小成本和努力换来最大刺激和快感的高风险行为趋之若鹜。

我们必须认识到，毒品之所以对青少年更具吸引力，是有生理原因的。我们必须对可能沾染毒瘾的青少年进行强力干预，但这也要求我们多做换位思考，多多理解他们的思维方式和行为特征。虽然青少年有能力进行改变，有能力恢复，但这一过程少不了我们的大力帮助。好孩子也可能因为交友不慎而落入毒品的魔爪。所以，家长、老师，甚至是青少年自己都应该留心各种个人滥用药物的征兆。出现戒断反应、食欲和睡眠习惯发生巨大变化、易怒、不讲个人卫生等迹象都应该引起我们的足够重视。如果发现某个孩子有问题，我们就应该和其他接触过这个孩子的成人联系，问问他们是否也发现了相同的问题。虽然我不愿意这么说，但是在毒品问题上，家长和老师就是应该多点疑心，这是对孩子负责的表现。如果你不得不趁孩子上学的时候翻看他的私人物品，那就去做吧，这是为孩子好。如果你发现了蛛丝马迹，那就必须立刻联系医生，并详细描述你的所见所闻。**成瘾是个医学问题，而不只是“不良行为”，成瘾是种病，是可以被治愈的。**提供相关知识和建议的网站有很多，大多数社区和基层政府也会提供相应资源。只要发现一丁点问题，你就必须行动起来，这事关孩子的终身幸福。

THE TEENAGE BRAIN

名词解释

大麻素：大麻属植物含有的一种化合物，人脑内也有这类物质（叫作内源性大麻素）。它们能与大脑内一些有助于缓解疼痛和焦虑的特定受体发生作用。

内源性大麻素：大脑内自然产生的大麻素，由脂类分子构成。

内啡肽：个体锻炼时体内产生的一种神经递质，与大脑内的鸦片剂受体发生作用，以减少痛觉，可以像吗啡一样起到镇痛作用。

四氢大麻酚：大麻中改变人类精神状态的主要活性成分。

THE TEENAGE BRAIN

08

压力

怎样帮孩子找到平和的心境

青少年的性情难以捉摸，情绪变化无常。他们几乎每天都会出状况，愤怒、伤心、自我封闭、烦躁不安、敌视，这些精彩的戏码轮番上演，家长和老师看了个够。虽然青少年看似急风暴雨，但有时候又变得热情似火，充满激情。问题是，我们怎么知道什么情况属于正常情绪波动，什么情况又说明孩子们碰到了大麻烦呢？我们连他们午饭吃了些什么都搞不清，就更别提让他们亲口承认自己抑郁或焦虑了。至于让他们自己把心绪整理清楚，然后再明明白白地告诉你是怎么回事，那简直就是奢望。

情绪是心理健康的晴雨表。我忘不了高中和男友分手时的天崩地裂，也忘不了大学考试成绩不理想时的黯然神伤，当然更忘不了拿到医学院录取通知书时的欣喜若狂。坦率地说，一个没有情绪的世界是难以想象的。对青少年来说，他们的生活基本上被情绪主宰着。年轻人一会儿情绪高昂，一会儿士气低落，起起伏伏是他们的常态，你很难看到他们心情平静的时候。家长有时会觉得这些情绪起伏看起来有点像吓人的失控状态，由于孩子们尚不能靠额叶来平复自己的心情，所以我们就应该成为他们的过滤器、调节器，为其提供他们自己无法找到的平和心境。

青少年经常情绪波动，他们会做出冲动的行为，甚至会觉得失望透顶，但我们怎么才能知道他们何时是正常的，何时已经显露出患有严重心理障碍，如抑郁症或焦虑症的迹象？进行此类判断的方法有很多，但在详细讨论这些标准之前，我们最好先搞清楚，对青少年发展来说，情绪到底是什么，又不是什么。

“战斗或逃跑”反应

青少年很难对付，这在很大程度上是因为他们对世界做出的反应是由情绪，而非理性驱动。这一点不仅成人很清楚，青少年自己也知道。他们常常觉得自己的生活就是一场悲喜剧，时而狂喜，时而又陷入深深的悲伤。人类的情绪均与杏仁核有关，它让我们产生一系列最原始的情感反应：恐惧、愤怒、仇恨、惊恐、哀伤。就情绪而言，成人和青少年的主要区别在于，后者的额叶活动少了很多，所以更难应对自己的情绪，特别是在深陷危机时。

在第 1 章，我们已经了解到，青少年比成人更难应对压力，因为他们的头脑对应激激素四氢孕酮做出的反应和成人不同。虽然这种激素能让成人平静下来，但却会让青少年变得更加焦虑。压力既可以由内部的想法和情绪引发，又可以由外部环境导致。青少年和成人的头脑还有一点不同。由于青少年的额叶尚未发育成熟，其他脑区可能会失控，对外部威胁做出过度反应。我们最原始的情感，如恐惧，是由下丘脑 - 垂体 - 肾上腺轴

（hypothalamic-pituitary-adrenal axis，简称 HPA）产生的。当一个人面临重压时，杏仁核首先做出反应，释放出应激激素，通知垂体释放特定化学物质，垂体又促使肾上腺释放肾上腺素。顾名思义，肾上腺位于肾脏的正上方，当我们处于高压情境时，它会让身体做好一系列用于应对危险的准备，如增加心率、扩张血管、加快呼吸，并将血液从消化系统调集到肌肉和四肢，以便我们在需要的时候尽快逃跑。如果我们无处可逃，只能背水一战，那么我们的瞳孔会放大，视觉会变得更加敏锐，对于疼痛的知觉会减弱，这些变化都让我们准备好“战斗”。在这种高度警觉的状态下，任何刺激都会被视为潜在威胁，身体也做好了响应的准备。我们的祖先在大自然中四处求生，需要面对很多危险。在现代人的日常生活中，即刻的生存威胁已经很少见，但“战斗或逃跑”的反应模式依然保留在我们的基因里。青少年的额叶尚无法很好地控制杏仁核，所以他们更容易对压力情境做出极端情绪反应，而成人可以用额叶上的前额叶皮层来控制自己的愤怒和恐惧情绪。

除了肾上腺素，另一种名叫皮质醇的神经化学物质也会导致青少年的情绪剧烈波动。正常情况下，皮质醇在体内的含量具有 24 小时节律，其峰值出现在早上，也就是我们刚睡醒的时候。在达到峰值前，皮质醇水平会上升 50%~60%，随后便开始下降，起初速度很快，后来速度变慢，其水平在下午和晚上会持续下降数小时，在午夜达到最低值。研究发现，处于青春期中晚期的孩子，特别是女孩，其体内皮质醇水平略高于成人的正常水平。各种负面情绪，如倍感压力、担忧、焦虑和愤怒与高水平的皮质醇密切相关。孤独感也不例外。所以，无人陪伴的青少年往往会感受到压力，会觉得焦虑。

过重的压力会损伤大脑

强烈的情绪往往和压力如影随形，而对青少年来说，压力源无处不在，从当众演讲到无法被同龄人接纳，再到被别人欺负，这些事件都能让青少年紧张不已。压力和情绪创伤会对青少年今后的心理和情绪健康产生严重影响。压力对青少年的作用和成人有所不同，其对青少年学习和记忆产生的影响会让他们更容易出现心理健康问题，如抑郁和创伤后应激障碍[1]。此外，重压下的青少年会偷偷服用父母药柜里的兴奋剂和抗焦虑药物，这会导致药物滥用问题。现如今，青少年焦虑症的发病率急速攀升，导致这一现象的原因有很多：各类社会问题不断爆发，家庭生活不再那么稳定，互联网提供的各种刺激，当然还有社交网络的错综复杂。一个正常孩子在重压之下，应对压力的能力会受到极大限制。

过度的压力对学习十分有害。适度压力的确可以起到激励作用，但如果压力太大，孩子就会无法集中注意力，难以学习新知。在观看拼写大赛的时候，大家应该都见过这样的场景：一个孩子因为太紧张，整个儿傻了，连很简单的单词都拼不出来。我们平时会用“脑子一片空白”来描述这种情况，此时，与记忆相关的海马基本上停止了正常工作。为什么会这样呢？压力会促进皮质醇的释放，而这种化学物质会干扰记忆。一些大鼠在正常情况下很善于学习迷宫的走向，但是当应激源，如猫出现的时候，它们就呆住了，根本无法进行学习。长期压力会损伤许多脑结构，其中之一便是和记忆以及学习都密切相关的海马。压力对学习造成的一连串影响包括损伤长时程增强以及消除突触连接。

我们必须搞清楚哪些因素会导致青少年紧张。如果借用上面提到的大鼠实验，那么在孩子们看来，学校与笼舍相似，而家长和老师可能就是守在笼外的猫！（见图 8-1）

一般来说，一旦个体感到紧张，他的思维就会僵化。在动物研究中，科学家发现，成年个体经受压力后，其脑功能会在大约 10 日内恢复正常；但是，如果未成年个体经受了压力，其脑功能的恢复时间将延长大约 3 周。

这说明压力的影响不仅是持久的，还可能是永久的、不可逆的。上述研究成果让我们不得不对可能引发青少年压力的诸多因素进行认真思考。

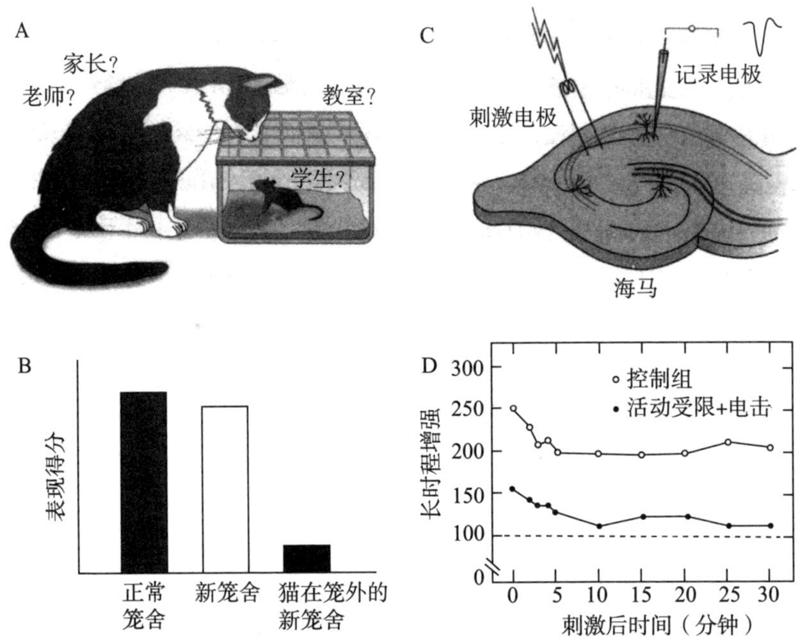

图 8-1　压力可以阻碍学习和长时程增强

A.B. 在正常的笼养环境里，大鼠能很好地学习迷宫走向，即便研究人员把它们放入新的笼舍里，其表现还是很好。但只要猫出现在笼外，大鼠就经常发愣，无法进行学习。C.D. 如果对压力下大鼠的海马切片进行类似于学习过程的一阵刺激，其表现出的长时程增强明显小于控制组，这说明应激激素对突触产生了影响。

资料来源：A, C: Artwork by Mary A. Leonard, Biomedical Art and Design, University of Pennsylvania. B: Created by the author, artwork by Mary A. Leonard, Biomedical Art and Design, University of Pennsylvania. D: Reprinted with permission from M. R. Foy et al., “Behavioral Stress Impairs LongTerm Potentiation in Rodent Hippocampus,” *Behavioral and Neural Biology* 48, no. 1 (July 1987), 138-49, © 1987, with permission from Elsevier. Additional artwork by Mary A. Leonard, Biomedical Art and Design, University of Pennsylvania.

压力还会让大脑发生哪些改变呢？相关的研究成果刚刚出炉。有关大鼠的实验显示，即便是未成年大鼠也可能不堪重压。波士顿麦克林医院的研究者发现，如果未成年大鼠处于社会孤立之中，那么它们在完成逃脱任务时表现变差，而且会出现所谓的“无助”行为[2]。雄性比雌性受到的影响更大。研究人员对雄性未成年大鼠的大脑进行了检查，结果发现，突触和髓磷脂的数量都减少了，这种情况在额叶和海马中尤为突出。杏仁核看起来变大了，可能大脑正是通过这种方式来应对巨大的挑战。毫无疑问，压力改变了这些大鼠的大脑发育进程！

压力是引发情绪创伤的重要因素，而青少年又特别容易经历情绪创伤，这些创伤对他们的大脑发育可能造成破坏性影响。北卡罗来纳大学 2010 年进行的一项大型研究显示，四分之一的青少年在 16 岁之前经历过“高震级”事件或“极端压力源”，这些事件包括经历严重事故、身患重病、父亲或母亲亡故、遭受性侵、遭受家庭暴力，以及经历自然灾害、战争或恐怖袭击。三分之一的受访青少年在接受调查前的 3 个月内经历过“低震级”事件，其中包括父母分居或离异、与好友或恋人分手[3]。

我们现在可以借助磁共振成像技术研究人脑的灰质和白质，压力对大鼠产生的影响很可能同样会作用于青少年。前额叶皮层、海马和杏仁核同样是调节人类压力反应的主要脑结构。和压力下的大鼠相似，经受压力的青少年的海马缩小了（这对记忆和学习来说可不是什么好事），杏仁核反而长大了。而创伤后应激障碍患者会对压力源做出过激反应，我们或许可以用杏仁核功能的增强对其进行解释。

如果创伤很严重，且持续时间很长，那么青少年将比成人更容易患上创伤后应激障碍。一般情况下，当个体经历了可能威胁到人身安全乃至生命的事件时就会患上此障碍。我们需要记住一点，即便青少年没有碰到重大事件，他们的杏仁核机能也比成人强，所以他们对压力做出的反应也更大。

康奈尔大学赛克勒研究所的凯西及其研究团队借助功能性磁共振成像技术进行研究，研究对象是年龄介于 8~32 岁之间的 80 名参与者[4]。研究人员让参与者观看让人害怕的刺激（带有受惊吓表情的照片），并观察参与者的大脑激活。实验结果显示，与儿童和成人相比，青少年在观看照片时，其杏仁核的活动水平更高（见图 8-2）。

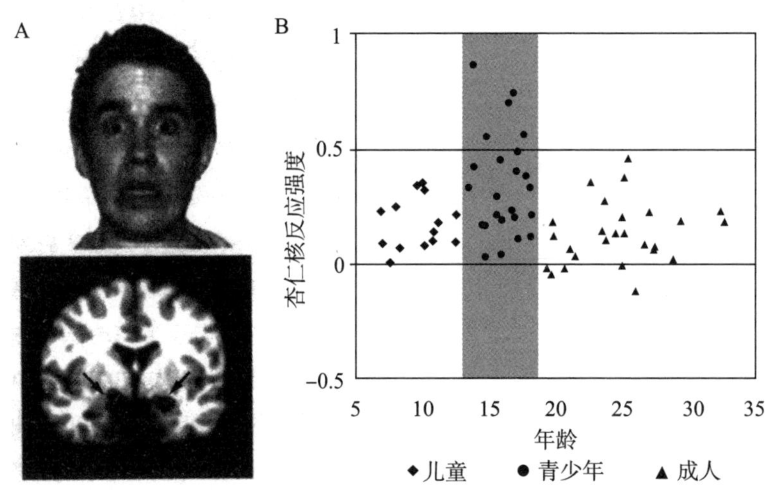

图 8-2　青少年对可怕刺激的反应比成人和儿童更强

A. 研究者让实验参与者观看惊恐的表情和正常的表情。B. 研究者用功能性磁共振成像观察参与者的杏仁核恐惧回路的活跃水平。青少年的反应强度普遍大于成人和儿童。

资料来源：Reprinted from B. J. Casey et al., “Transitional and Translational Studies of Risk for Anxiety,” *Depression and Anxiety* 28, no. 1 (Jan. 2011), 18-28, © 2011 Wiley-Liss Inc..

青少年的压力反应系统已经比较敏感，如果再对其施加太大压力的话，青少年的大脑就会遭受损伤。如果不进行治疗，创伤后应激障碍患者在今后的人生中，将不断陷入使其丧失正常机能的恐惧和焦虑之中。当然，问题不仅限于恐惧和焦虑，还有悲伤、愤怒、孤独、丧失自尊以及无法信任他人。相关的行为问题还包括社会孤立、学习成绩下滑、富有攻击性、纵欲过度、自残以及滥用药物和酒精。

创伤后应激障碍的儿童和青少年患者会在进行艺术创作、玩玩具或参与游戏时重现创伤。与该障碍的成人患者相比，他们也更有可能变得冲动和富有攻击性。相关研究显示，对这些患者来说，哪怕只是面对他人的恐惧或愤怒，其大脑内的情绪中枢也会变得异常活跃。

大多数人会将创伤后应激障碍和退伍军人联系在一起。大多数参战士兵是十八九岁或二十出头的年轻人，所以他们的头脑将付出更大代价。犹他大学（The University of Utah）美国国家退伍军人研究中心（National Center for Veterans' Studies）的科学家发现，46% 参加过伊拉克战争和阿富汗战争的士兵（大多数是经历过实战的士兵）报告说，自己有过自杀的念头[5]。对未参战的正常大学生来说，这一比例仅为 6%。此外，这些参加过实战的士兵真正尝试自杀的比例也远远高于一般大学生。

美国精神病学会（American Psychiatric Association）认为，对青少年而言，两大因素最容易引发创伤后应激障碍，即接触暴力和深爱的人突然死亡，后者更常见。然而，研究者发现，医疗卫生专业人员常常忽视青少年患上创伤后应激障碍的可能，这或许是因为青少年本来就情绪不稳定，而且还有一些典型的青春期行为，如叛逆、自我封闭、发泄情绪、抑郁。这些表现同样是创伤后应激障碍的症状。但对青少年而言，该障碍和抑郁症有一个显著差异，那就是创伤后应激障碍的患者更容易恐惧和焦虑不安，而非情绪剧烈波动和自我封闭。经历过创伤的儿童和青少年更容易患上焦虑症，这一点也不奇怪。

对青少年的头脑来说，创伤和压力是强烈的，但压力诱发的大脑变化也可以发生于儿童期，甚至是胎儿期。一项研究显示，如果妇女在怀孕时经历了引发巨大压力的事件（如离异、失业、深爱之人故去），那么当她们的孩子长到 17 岁时，即便这些孩子处于静息状态下，其体内的应激激素水平也会高出正常值。虽然男性更容易接触创伤性应激源，但接触过创伤性应激源的女性更容易患上创伤后应激障碍。

对青少年的肉体和精神进行虐待往往会给他们造成严重而长期的压力。伦敦大学学院的研究者使用功能性磁共振成像对20名看似正常，但却受过虐待的儿童和青少年进行脑部检查，并将检查结果和正常孩子的脑扫描数据进行比对。科学家发现，在进行脑扫描时，受虐儿童如果看到愤怒表情的照片，他们的杏仁核与前脑岛的活跃程度可以和参战的士兵相比。这两个脑结构不仅与侦测威胁有关，而且还与预测疼痛相关。

2011年末进行的研究也显示，对于遭受过肉体和精神虐待，或缺失关爱的青少年，即便没有被诊断出心理疾病，科学家也找到了他们中的大多数遭受脑损伤的证据。耶鲁大学的研究者发现，这些孩子前额叶皮层的灰质较少[6]。前额叶皮层活动的减少会干扰这些孩子的动机和冲动控制，注意力的集中、记忆力和学习能力也会受影响。得不到关爱的孩子，其大脑内负责调控情绪的区域也不那么活跃。受到体罚的男孩，其大脑内与冲动控制和物质滥用相关区域的活动大幅减少，这意味着他们更有可能酗酒、吸毒。而受到体罚的女孩，其大脑内与抑郁相关区域的活动减少。不过，科学家强调，这些缺陷可能不是永久性的，这主要是因为青少年的头脑具有很强的可塑性。

如何面对和化解压力

可以确定的是，在当今社会，青少年生活中的压力源无穷无尽，数码技术让他们能够实时获取世界各地的新闻。希望把各种有关天灾人祸、暴力事件的信息挡在他们的世界之外是不可能的。因此，减轻创伤造成的影响变得尤其重要，特别是当一些公众创伤性事件，如2013年4月波士顿马拉松爆炸案发生的时候，很多人会同时遭受心灵创伤。针对个人的创伤性事件破坏力也不小，就拿霸凌来说吧。无论在网上还是现实生活中，青少年非常容易受到骚扰和负面评价的影响，而且也可能无法认识到，许多指责其实根本站不住脚。学校和家长一定要把相关事件当回事：对受害者来说，这绝不是小事。

如果青少年遭受了创伤，而且相关事件已经为众人所知，那么美国心理协会建议相关人士立即采取以下干预措施[7]：

- 创造一个没有旁观者和媒体的安全环境。
- 温和但坚决地引导青少年远离报道相关创伤性事件的暴力和破坏性场面、重伤者或任何进展的网页。
- 如果青少年惊恐万分或极度忧伤，出现身体颤抖、焦躁、沉默不语、号啕大哭或极度愤怒等症状，那么就要为其提供支持，要和他们待在一起，直至其情绪稳定下来。
- 用鼓励和富有同情心的言语或肢体语言让青少年感到自己是安全的。安慰十分重要。
- 用青少年可以理解的语言向其提供有关创伤性事件的信息。这能帮助他们理解发生了什么，能让他们觉得事态并不像原来想象的那样不可控。

虽然青少年在面对创伤时的确很脆弱，但他们的复原力同样很强。一些高中毕业生参加毕业舞会时不幸遭遇炸弹袭击，但几周后，幸存的学生就回到了大学课堂。这就是我所说的复原力，这种能力不是遗传因素决定的，而是后天习得的。正是因为这个原因，青少年虽然特别容易受到压力的负面影响，但他们也比成人更善于学习如何积极应对压力。

THE TEENAGE BRAIN

致家长

作为家长，我们应该告诉孩子们要好好照顾自己，如学会健康

饮食以及保持充足睡眠；控制好自己的生活，如设定目标（即便是小目标）、循序渐进；分配好自己的时间，少花些时间上网、发短信、玩社交媒体，多花点时间和可以交心的倾听者讨论自己碰到的问题。

当然，睿智而成熟的家长应该知道，孩子的倾诉对象未必是自己，他可能是孩子的另一个长辈，如叔叔、阿姨、祖父，甚至是孩子的同龄好友。无论这个人是不是你，无可争辩的是，成人和健康家庭对青少年的成长至关重要，特别是当他们面临极度压力的时候。

A NEUROSCIENTIST'S SURVIVAL GUIDE
TO RAISING ADOLESCENTS AND YOUNG ADULTS

THE TEENAGE BRAIN

名词解释

皮质醇：由肾上腺产生，并在个人面临压力时释放的一种激素，能帮助个人调用能量，应对或大或小的即刻威胁。影响皮质醇水平的环境因素有很多，其中包括咖啡因和睡眠剥夺。体内皮质醇数量过多会导致免疫系统被抑制、血压升高、神经元（特别是海马内的神经元）受损。

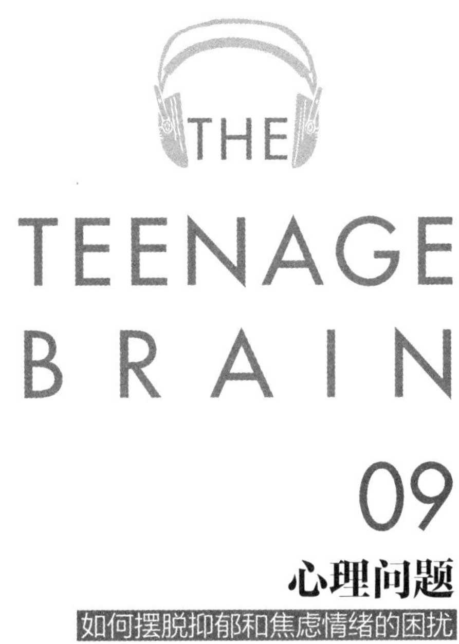

09 心理问题

如何摆脱抑郁和焦虑情绪的困扰

对于抚养和教导青少年的人来说，只要和孩子们一起闯过青春期的惊涛骇浪，希望的彼岸或许就在不远的前方。但也正因为青少年本来就情绪变化无常，行事不遵循常理，作为家长、监护人或老师的我们就更需要留心他们的情感需求，特别是当危机爆发或他们处于高压之下的时候，因为此时的青少年最容易患上心理疾病。

THE TEENAGE BRAIN

致家长

有两条经验法则我们要牢记：首先，如果青少年的各类行为突然集中发生变化，或者出现了相关的症状，那么你就应该意识到，孩子不只是难缠，而是可能出了更大的问题；其次，小心为上，不要害怕因为草木皆兵而向孩子说抱歉。如果你担心孩子正在发生剧烈或渐进的变化，那么要及时寻求帮助。

A NEUROSCIENTIST'S SURVIVAL GUIDE TO RAISING ADOLESCENTS AND YOUNG ADULTS

哪些症状说明孩子可能出现了心理问题

青少年喜怒无常，行为难以捉摸，他们时而兴高采烈，时而郁郁寡欢，时而叛逆，时而愤怒不已，富于攻击性。虽然这些表现着实让人不安，但它们都是正常的。不过我们很难将其与心理疾病的症状清清楚楚地区分开来，因为无论是否被诊断患有人格或心境障碍，甚至是更严重的精神疾病，如重度抑郁症、双相障碍或精神分裂症，青少年都会表现出上述行为特质。比如，你很难发现身边的青少年抑郁症患者。现在的孩子们整天盯着各种数码设备，沉溺在自己的小世界里，很难分辨出谁是羞怯而内向的正常青少年，谁又是重度抑郁症患者。与 20 年前的青少年相比，现在的年轻人不那么热衷于群体活动，这让甄别患有严重精神疾病的青少年变得十分困难。我们必须诊断出真正的心理疾病，并对其进行治疗，但什么样的信号应该引起我们的警惕呢？我们什么时候才应该担心呢？

有两大信号能帮助我们回答上述问题：情绪发作是否严重以及日常生活的机能是否受到了干扰。如果青少年的情绪波动变得非常剧烈，而且某种情绪，如气愤、悲伤或易怒占据主导，特别是当上述状况持续两周以上时，我们就有理由怀疑孩子出了精神问题。此外，睡眠和饮食习惯发生改变、频频发泄不良情绪、更爱冒险、和亲友相处的时间减少、和好友闹翻以及缺席课外活动，都是足以引起我们警惕的信号。家长和老师还要注意一点：

正常的孩子即便不听话，他们的行为问题也往往只是孤立的，更重要的是，这些问题不会干扰他们在日常学习生活中的正常机能。

如果孩子患上了严重的心境或情感障碍，那么问题将不会单个出现，而是接连出现。比如，重度抑郁症患者不只是经常眼泪汪汪，他们的饮食习惯也会发生改变（体重随之增加或减少），还会与家人疏离，产生隔阂。此外，自残、酗酒、吸毒、自我憎恨、暴力或试图自杀等现象也会接连出现在他们身上。

青少年本来就对批评比较敏感，再加上他们在学校里、赛场上或社交活动中总要面对各种各样的评价，一些孩子可能会倍感压力。但只有同时出现如频繁疼痛、恶心，或其他连他们自己都没意识到的生理症状时，极度害怕他人评价的孩子才有可能是患上了临床抑郁症。

青春期是一个独特的时期，因为一些心理疾病只有当个体进入青春期后才会出现。让人略感意外的是，只有发育足够成熟的大脑才会让人患上某些心理疾病。实际上，科学家已经发现，许多心境障碍和情感障碍与额叶，特别是前额叶皮层的异常机能有关。成人的精神分裂症部分源于额叶的异常活动。因此，如果你的额叶尚未与其他脑区完全连接，又如何患上这种病呢？所以，十几二十多岁的年轻人才有可能患上精神分裂症，而儿童不会患病。

还有一点很有趣，那就是在青少年群体中，心理健康问题比哮喘和糖尿病更普遍。有五分之一的青少年的日常生活因为心理或行为障碍而受到影响。更令人担忧的是，成年人患有的心理疾病约有一半始于青春期。在年龄介于 12~16 岁之间的青少年中，20% 的女生和 10% 的男生考虑过自杀。如果年轻人经历了车祸，自杀是导致其中一些人死亡的主要原因。如果你发现青少年滥用药物、特别爱冒险、学习成绩一落千丈，甚至是频繁生病，那么他们就可能患上了抑郁症，或承受了其他心理压力，甚至可能患上了严重的心理疾病。

四分之三的年轻精神疾病患者在 11~13 岁之间便被诊断出患病[1]。英国研究者对 1 000 多名儿童进行了长达近 20 年的追踪，直至他们成长到 26 岁。结果发现，在长大后接受了治疗的孩子中，有 76.1% 是在 18 岁之前被诊断出来的，有 57.5% 在 15 岁之前被诊断出来。对于接受高强度心理治疗的年轻患者来说，上述比例更高，分别为近 78% 和 60% 多一点（见图 9-1）。

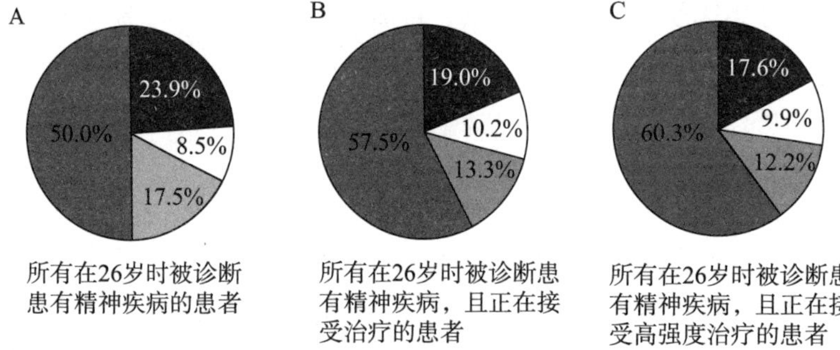

所有在26岁时被诊断患有精神疾病的患者

所有在26岁时被诊断患有精神疾病，且正在接受治疗的患者

所有在26岁时被诊断患有精神疾病，且正在接受高强度治疗的患者

- ■ 11~15岁时被初次诊断患有精神障碍的患者
- ■ 18岁时被初次诊断患有精神障碍的患者
- □ 21岁时被初次诊断患有精神障碍的患者
- ■ 26岁时被初次诊断患有精神障碍的患者

图 9-1　成年精神疾病患者在青春期即被检出的比例

A.26 岁时被诊断患有精神疾病的患者被初次诊断患有心理障碍的年龄分布。B. 在 26 岁时被诊断为精神疾病患者的人群中，有大约四分之三在 18 岁前即被诊断出来。C. 在接受高强度治疗的精神疾病患者中，近 80% 在 18 岁前被诊断出来。由于早期评估信息的缺失，A 组 470 个案例中被剔除了两例；B 组 227 个案例中被剔除了 1 例；C 组 132 个案例中被剔除了 1 例。

资料来源：Reprinted from J. Kim-Cohen et al., “Prior Juvenile Diagnoses in Adults with Mental Disorder: Developmental FollowBack of a ProspectiveLongitudinal Cohort,” *Archives of General Psychiatry* 60, no. 7 (July 2003), 709-17, copyright © 2003 American Medical Association. All rights reserved.

重要的是，在大多数情况下，青少年患上什么心理疾病，长大后也会得相同的病。也就是说，如果他们十几岁时得了焦虑症或抑郁症，那么长大后也可能会患这两种心理障碍。一些疾病不遵从这一模式，成人精神分裂症患者小时候往往会出现多种精神症状。该病往往开始于青春期的中晚期和成年早期，有些患者要到三十出头才会发病。精神病有时会是精神分裂症、抑郁症或双相障碍的先兆，它出现得更早，而且可以成为精神分裂症的最初症状。

此外，情节较轻的青少年品行障碍和对立违抗性障碍似乎是多种成人精神障碍的早期症状[2]。先前提到的英国研究者发现，在 11~18 岁的青少年中，虽然只有 20% 被诊断有行为问题，但他们长大后，却在成人心理疾病患者中占比 25%~45%。精神病学忽略了早期品行障碍发挥的作用，所以我们有理由对其多加关注。我想强调的是，即便是微小的精神问题也需要及时应对，因为它们有可能让孩子在今后患上精神疾病，严重的精神问题就更不能放过了。家长、教师，甚至青少年自己都需要提高相关意识。

如果一个家庭里有孩子患上了品行障碍或对立违抗性障碍，对其他家庭成员来说，这至少是一件非常让人烦恼的事。我同事的孩子就因为患有品行障碍而在几年时间里多次进出心理康复中心。这种障碍往往始于青春期，美国国家精神卫生研究院收集的数据显示，有 2%~5% 的青少年患有此障碍。品行障碍和对立违抗性障碍的年轻患者从事冒险活动，如酗酒、进行高危性行为、酒驾或毒驾的可能性比一般人高出许多。幸运的是，由于我们已经很清楚上述关联，一旦青少年被诊断患有这些障碍，家长和老师就应该高度警觉，并迅速采取有力的干预措施。

品行障碍还会让社会家庭、学校、医疗系统和少年犯司法体系付出高昂代价。加州大学旧金山分校 2008 年进行的一项研究估计，一个患儿每年所需的医药费用高达 14 000 美元，而一般儿童或青少年只需 2 300 美元[3]。我们现在已经能够找到许多有效的基于家庭或学校的品行问题管理项目，家长或老师如果怀疑某个孩子患有品行障碍，应该立刻获取相关资源。如果家长参与相关培训项目，治疗师会教他们如何有效地和孩子交流，会告诉他们什么时候、以何种方式对孩子实施惩罚或加以鼓励，以塑造其正确行为。大家也可以在类似 www.thereachinstitute.org 这样的网站找到相关的网上课程。越来越多的学区也开始向家长和教师提供旨在应对品行障碍的指导和建议。正常的青少年也有调皮捣蛋的时候，品行障碍是其中一些行为的极端形式。

焦虑

接下来让我们聊一聊焦虑症和进食障碍，近年来，它们在青少年中的发病率持续上升。正如我们先前看到的那样，青少年的头脑更容易受到压力的影响，所以焦虑症在青少年群体中很普遍也就不足为奇了。实际上，近期的研究报告表明，焦虑症及相关疾病，如厌食症，已经成为这一群体的流行病。美国各地的研究数据显示，2%~9% 的青少年患有某种焦虑症，如强迫障碍、惊恐障碍、广场恐惧症和其他社交恐惧症。焦虑症的发病率以及发病时间存在一定性别差异，女孩的发病率更高，发病时间更早。焦虑症和环境压力源存在密切联系，对厌食症这一最常见的进食障碍来说尤为如此。该障碍多发于青春期，女孩的发病率比男孩更高。

THE TEENAGE BRAIN 青春期的故事

我最近听说了一个让人心碎的故事。2009 年，一个 15 岁的女孩为了减掉圣诞节里积累下来的几斤赘肉，打算和母亲一起节食。5、6 周后，母亲完成了减肥目标，停止节食，但女孩却没有止步。2010 年 2 月，孩子的游泳教练向校医表达了自己的担忧，校医随即联系了家长。显然，这个孩子很善于欺骗大家，她要么把食物藏在袖筒里，要么趁人不备把食物丢掉，所以大家不知道她吃得那么少。孩子的母亲先带她去看家庭医生，医生答应持续监测女孩的健康状况。后来，母亲又带孩子去看心理治疗师，让她定期接受治疗，但所有措施都没有效果。2010 年 8 月，身高 1 米 70 的女孩住进了医院，体重只有 41.3 千克。在随后的数月里，她的体重增加了 11.3 千克，终于能够出院和家人一起过圣诞节了。由于必须等到下个学年开始的时候才能回到课堂，女孩在离家 5 公里远的地方兼职打工。6 周后，她崩溃了，又住进了医院。原来，她每天步行上下班，而且不吃母亲为她准备的午餐。她得了穿孔性溃疡，需要接受手术，但医生不确定她这么弱的身子能否挺得住。虽然女孩最终活着下了手术台，但几天后，她的主要器官便开始衰竭。首先停止工作的是她的肺，不可避免的脑损伤随即发生。2010 年 3 月 26 日，16 岁的她因为心脏病发作而去世，这时离她和母亲一起开始节食只过去了一年[①]。

抑郁和自杀

虽然厌食症和暴食症的即刻症状已经够让人伤脑筋的了，但这两种障碍还与一个重大风险有关：一些研究显示，几乎一半的厌食症青少年患者考虑过自杀，有 10% 付诸了行动！实际上，德国研究者于 2013 年发布的一项研究显示，一半的青少年厌食症患者还患有其他精神障碍，特别是抑郁症。上述研究者认为，对于进食障碍的早期干预能够消除或减少青少年今后患上其他精神疾病的风险。所以，除了品行障碍以外，厌食症也是一盏“红灯”。无论觉得多么困难，你都必须立刻采取应对措施，将自己的所见所闻

① 这个故事在时间上有矛盾之处，疑原文有误。——译者注

告诉相关专家。

越来越多的人意识到，抑郁症正在成为威胁青少年健康发展的严重问题。青少年的抑郁症整体患病率高于儿童。包括抑郁症、双相障碍和焦虑症在内的心境障碍是青少年群体中最常见的心理疾病。20%~30% 的青少年报告说自己曾经历过重度抑郁，这会显著增加他们成人后患上抑郁症的概率。实际上，研究者发现，即便青少年只是表现出一定的抑郁症状，而没有在临床上被诊断患有抑郁症，他们长大后患抑郁症的风险也会增加。

不过，青少年和成人抑郁症患者表现出的症状有所不同[4]。青少年患者的病程更长，而且自杀风险比成人患者高出 30 倍。虽然成人患者会退缩到自己的世界里，不和朋友联系，但是青少年患者却会和朋友相处更长时间。这一方面是由于青少年更喜欢社交，另一方面是因为他们相信只有朋友才能理解他们的痛楚。

青少年抑郁症患者和成年患者在接受治疗的时候还存在一个显著差异。好消息是，青少年患者服药后似乎恢复得更快，而且更愿意相信药物治疗的效果。坏消息是，科学家发现，青少年对标准抗抑郁药物，如百忧解、左洛复和安非他酮的反应异于成人，而且服药后更有可能考虑甚至尝试自杀。这些药物都属于选择性 5- 羟色胺再摄取抑制剂（Selective Serotonin Reuptake Inhibitors，简称 SSRIs），这类药物会提高神经递质 5- 羟色胺在大脑内的含量。

THE TEENAGE BRAIN 青春期的故事

我的同事曾经和我分享了一个她朋友的故事。一对夫妇有两个十几岁的儿子。哥哥患上了抑郁症，服用左洛复治疗，但很快就陷入了自杀的绝望之中。孩子的父母认为孩子的自杀念头是药物导致的。一天，哥哥在衣橱里上吊自杀，他的腿反射性地抽动，踢到墙壁发出响声，被隔壁蒙在鼓里的弟弟听到了。

十年后，24 岁的弟弟也自缢身亡，他当时也在服用抗抑郁药物。我们无法确定药物就是引发这两个孩子自杀的原因。就算只有哥哥是因为药物反应而自杀的，见证亲哥哥自杀对弟弟幼小的心灵造成的巨大创伤，也让他的未来一片灰暗，因为抑郁而自杀几乎是不可避免的。

美国国家食品与药品管理局现在规定，可以直接用于年轻人的抗抑郁药物的外包装上必须印有黑框标识[5]。这些药物中包括两种选择性 5- 羟色胺再摄取抑制剂——百忧解和依地普仑，这两种药物被允许用于儿童和青少年的抑郁症治疗。

如果孩子的心境、行为、思维和情感突然发生变化，特别是当这些变化非常大的时候，我们就应该意识到，抗抑郁药物可能产生严重的副作用了。任何一个向青少年开出这些处方药的医生必须将相关注意事项清楚地告知患者和家长。幸运的是，作用机制异于选择性 5- 羟色胺再摄取抑制剂的非典型抗抑郁药物已经面市，患有心境障碍的儿童和青少年可以服用这些药物。

20%~60% 的成年双相障碍患者在 20 岁之前便出现了早期症状。同样是患有双相障碍，青少年和成人的表现也存在一定差异。青少年的纯躁狂发作期比较少，躁狂和抑郁交替的发作期比较多。青少年发作时更容易烦躁，更容易做出攻击行为。在严重的躁狂发作期，他们表现出的精神病特征也较多，如妄想。青少年患者在躁狂和抑郁这两种状态之间切换的时间较短，而且更可能同时出现其他精神健康问题，如滥用药物。

在青少年人群中，躁狂症和双相障碍不像抑郁症那么普遍，在 11~18 岁的人群中，这两种疾病的发病率不足 1%。但是，双相障碍患者一般是在十几岁时便开始发病的。而且抑郁症和双相障碍的发病存在一定性别差异，抑郁症患者女性居多。

美国疾病控制和防御中心认为，如果青少年碰到了精神健康问题，那么无论他们是否服用抗抑郁药物，自杀一直是他们的最大威胁，是导致青少年死亡的主要原因。一项全美高中生调查给出了惊人的数据，16% 的被访者承认考虑过自杀，8% 的被访者尝试过自杀。虽然女孩尝试自杀的比例是男孩的 3 倍，但男孩的自杀成功率更高。这可能是因为男孩经常摆弄枪械。这些数字高得让人胆战心惊，因为孩子们可以轻轻松松地在网上找到各种自杀方法。

THE TEENAGE BRAIN

致家长

家长和老师没能成功阻止孩子自杀的主要原因是他们不了解孩子心里是怎么想的。如果孩子善于掩饰自己的内心活动，不愿和家长说心里话，那么大人的确很难洞悉他们的想法，但也正是因为这个原因，我们才应该每天关注他们的生活和所思所想。

A NEUROSCIENTIST'S SURVIVAL GUIDE TO RAISING ADOLESCENTS AND YOUNG ADULTS

THE TEENAGE BRAIN

青春期的故事

即便如此，伊丽莎白·申（Elizabeth Shin）[6] 的生命或许还是无法挽回。19 岁的她来自新泽西，2000 年 4 月 9 日周日，也就是她自焚的前一天，申在麻省理工学院的宿舍里点了几根蜡烛，然后坐在电脑前写日记。由于经常用瑜伽来放松自己，她自称“瑜伽少女”，她写道：“不幸的是，我的生活不可能一直像练瑜伽那样轻松，又或者我能做得到？”

这个开头看起来并不沉重，似乎没什么好担心的，根本看不出申前一晚曾想将匕首插入自己的胸

> 膛。开完有关瑜伽的玩笑后，她笔锋一转，一下子忧郁起来，开始写致前男友的诗，他们刚刚分手。诗是这么写的："亲爱的，我死后能得到一束白玫瑰吗？你能将花束摆放在我的墓前吗？"写到这里，她似乎突然意识到自己说漏了嘴，开始以敏锐而客观的观察视角取笑自己："唉，我太迷恋死亡了……只有在心情比较低落的时候我才会写写死亡诗歌（甚至连诗歌都算不上）……我就在这儿，漫无目的地敲击键盘，希望能驱除我内心的魔鬼。我这个疯子，这些文字看起来更像是我着了魔。难道魔鬼比我还好？"
>
> 那天，申的父母和妹妹突然来访。他们从新泽西开车来看她，给她带了一台电视机、几箱矿泉水，还有几盒麦片和捞面。一家人在附近的中国餐馆吃晚饭，申说要拍几张证件照，因为她要办护照，去父母的家乡韩国看看。她还邀请妹妹近期来学校一起度周末。待家人开车上路后，申回到了自己的寝室。那天晚上，她告诉一个朋友说，想就着酒服下一瓶泰勒诺，了断自己。她睡着了。24 小时后，申的父母接到了学校官员打来的电话。"孩子的寝室着火了。"电话那头传来了令人震惊的话语。

没什么比失去子女更让人痛苦；没什么比孩子自杀更让人恐惧。申的自焚很不寻常，因为她选择了这样一种自杀方式。但这一悲剧的起因却很常见，那就是冲动、鲁莽、焦虑和真正的抑郁。申被自己的痛楚蒙蔽了双眼，看不见前面还有希望在等着她。

精神分裂症

神经科学学会（Society for Neuroscience）是神经科学领域内全球规模

最大的专业性组织之一。2010 年，该学会在圣迭戈召开年会。时任学会董事的我有机会和著名演员格伦·克洛斯（Glenn Close）会谈。克洛斯的代表作有《天生好手》(*The Natural*)、《致命的吸引力》(*Fatal Attraction*）和《盖普眼中的世界》(*The World According to Garp*)。我们之所以邀请克洛斯在年会上发表主题演讲，是因为她积极参与旨在解决各类心理健康问题的活动，并全力支持神经科学研究。克洛斯十分热情、友善，她脚踏实地，非常幽默，而且精力充沛。2009 年，在她的支持下，非营利性组织“改变心灵”（Bring Change 2 Mind）得以建立，该组织致力于帮助大众更好地理解心理疾病。那天，面对着台下的众多神经科学家，她与我们分享了自己的心路历程：

> 我出生在康涅狄格州一个典型的北方家庭。我是家族的第 12 代传人，我们的祖先一直教导小辈要严肃、果敢、勇于实践、少说空话、行事低调、工作努力、不发牢骚、尽力赚钱、生活简朴、勇于争胜，而且还要求小辈学会玩双陆棋、桥牌和高尔夫，并成为舞会的闪亮明星。在我们家族的字典里，你永远也找不到心理疾病这几个字。

直到有一天，克洛斯意识到自己深爱的妹妹杰茜和外甥卡伦都在“和双相障碍以及分裂情感性障碍殊死搏斗”时，她才醒悟过来。克洛斯说，几十年前，妹妹在上高中时突然出现了行为和情绪问题，其实这就是精神疾病的早期征兆。20 世纪 70 年代早期，杰茜和姐姐一样，就读于私立的罗斯玛丽中学（Rosemary Hall)，即现在的乔特罗斯玛丽中学（Choate Rosemary Hall)。她的情绪起伏非常大，躁狂的时候行事十分冲动，曾经在和同学玩真心话大冒险时，把宿管员阿姨的猫扔进了丢脏衣服的通道里。杰茜的成绩一落千丈，她不得不在九年级的时候留了一级。即便如此，她还是在十年级的时候退学了，自此，杰茜的生活便呈螺旋式下滑。她多次企图自杀，被送入医院治疗，婚姻状况也不稳定。直到 45 岁的时候，杰茜才最终被确诊为精神疾病患者，并接受了药物治疗。

杰茜也在大会上发了言，向大家解释为何在她读高中的时候，自己和家人无人意识到她患上了精神疾病。让她感到意外的是，多年后，作为一个与精神疾病做斗争的母亲，她同样没有意识到自己的孩子卡伦也出了问题。

> 一个人如果没有应对精神疾病的经历，就很难发现问题。1999 年，卡伦滑向疾病的深渊，而我却以为他只是变成了一个难缠的青少年。卡伦排行老大，所以我不知道孩子患病会出现什么症状。真心希望我当时能看出一些问题来。而我只知道卡伦像换了一个人似的。每当回想起过去，我总是感到羞愧和内疚，因为我不知道孩子发生了什么变化，不知道应该为他寻求何种帮助。

卡伦也在会上发了言[1]，他说在青春期患上精神分裂症是一件很残酷的事，因为青少年既不自知，又不太会进行换位思考，所以同龄人很难给予他所需要的支持。除了疾病带来的痛苦以外，他还要忍受孤立无援引发的羞辱感。于是，用海洛因来寻求慰藉就成了自然而然的选择。但对一个青少年来说，这恰恰是最糟的选择。卡伦现在已经 20 多岁了，他的母亲说，回过头来看，卡伦当时表现出的症状根本就不是青少年的焦虑不安，而是精神疾病的早期症状。

最能说明卡伦患上精神疾病的症状是，他幻想自己要么是耶稣，要么是“尘世间最邪恶的人”。当时，他们一家住在蒙大拿州海伦娜市，他父亲带他去附近一家医院看急诊。候诊时，卡伦盯着墙上壁纸的花纹，不停重复着“蓝方块、红方块、蓝方块、红方块……”他说这是帮助自己回到“现实”的密码。卡伦被送入了限制自由的精神病房，他觉得自己必须想办法冲出去：

> 我跪伏在地，祈祷上帝赐予我力量，让我挺过这场躲不掉的战斗。那天，我觉得必须为自己的生命而战。医护人员叫来了保安，因为他们想让我冷静下来。感受到威胁的我抓了一把公共休息室的椅子，背靠着墙站着。一名护士在我眼前一闪而过，冲向一扇

开着的门，并迅速将它关紧。我已被逼到墙角，4 个保安一哄而上，按住了我的四肢。

我拼命挣扎，抬头看见一个长着白发和白胡子的老人站在身边。我觉得他就是上帝，不停地向他求救，但他却无动于衷。这不是他的战斗，而是我的。保安把我搬到病床上，用绳子固定住我的四肢。护士最终给我注射了一针强力的氟哌啶醇，我随即失去了知觉。

虽然精神分裂症不像抑郁症、双相障碍或焦虑障碍那么普遍，但它也不罕见：每 100 人中就有 1 人受其困扰。有趣的是，人脑必须成熟到一定阶段才能出现精神分裂症症状。该病一般起始于青春期晚期或成年早期。精神分裂症的早期症状和抑郁症颇为相似，青少年患者不与人交流，封闭在自己的世界里，他们情绪悲伤，饮食和卫生习惯也会发生变化。不过，精神分裂症和抑郁症的症状也存在一些差异，比如患者会出现幻觉、说胡话、非常容易烦躁、妄想自己受到迫害或十分伟大。所谓的分裂是指患者和现实之间的分裂，而非患者人格分裂。精神分裂症将患者和现实隔开，这是一种慢性病，治疗非常重要，特别是当患者还处于早期发病阶段的时候。

是不是一个人出现幻觉，就意味着他可能患上了精神分裂症呢？实际上，对青少年来说，导致幻觉的原因更多的是像麦角酸二乙基酰胺（LSD）和五氯苯酚这样的药物，甚至连大量饮酒和吸食大麻也会产生幻觉。不过，因为药物出现幻觉的人往往还会出现瘫倒、动作不协调或意识模糊等症状。但精神分裂症患者在出现幻觉时往往不伴有这些症状。

压力是导致精神分裂症的主要原因之一，心境障碍和焦虑障碍也是如此。不过，还有两个因素可以诱发精神分裂症：一是妻子受孕时，丈夫年龄较大；二是在青春期频繁吸食大麻。荷兰心理健康和成瘾研究所的科学家对 2 000 人进行了长期跟踪调查，研究开始时，被访者还都是青少年。他们发现，个体在青春期早期开始吸食大麻会使精神病提前发作，增加精神分裂症的患病风险[8]。近亲中有人患精神分裂症或其他精神疾病的个体最危险。即便不吸食大麻，有精神疾病家族史的青少年，其患病概率大约是十分之一。如果这些青少年吸食大麻，其患病概率将增长至五分之一。研究者还发现，没有精神疾病家族史的青少年患病的概率为千分之七，经常吸食大麻会使该概率增加一倍。

除了精神病以外，如果一个青少年总是表现出强烈的负面情绪，经常觉得极度孤独，或对什么事都无动于衷，那么他就可能不只是一时心情不好了，特别是当上述情况持续两周以上的时候。此外，如果孩子成绩一落千丈、怎么都不愿意起床、逃学，那么我们就有更多理由怀疑他患上了心理障碍。

引发心理问题的压力源有哪些

青少年患上精神疾病时，他们的大脑内到底发生了什么？诱发精神疾病的罪魁祸首是压力，我们先前已经讨论过这一话题。在青少年的大脑发育过程中，身体的主要应激反应机制，即下丘脑 - 垂体 - 肾上腺轴需要不断加强功能。研究者发现，如果少儿在进入青春期的时候，大脑内的皮质醇释放过多，其下丘脑 - 垂体 - 肾上腺轴就会失调，这会引发临床抑郁症。对青少年和年轻成人来说，皮质醇水平过高会在抑郁症之前出现，而且可被用于预测个人是否会患上抑郁症。至于为何某些人大脑内的皮质醇水平较高，科学家尚未找到令人满意的答案。虽然用于诊断抑郁症的生物或生理检测方法还不存在，但研究者确实希望开发出此类检测方法。唾液中的皮质醇含量被用来测试个人的应激水平，而且收集唾液不会对被测者造成侵入性伤害，他们只需在经历刺激时将口水吐到采集杯中即可。虽然相关检测结果不是决定性的，但我们可以借此研究哪些心理过程对重度抑郁症患者产生了影响。

除了抑郁，青少年也经常受到焦虑的困扰。而且普通的紧张、不安或恐惧情绪也不难发展成完完全全的焦虑症。很多时候，青少年会说自己长期受到焦虑的困扰，而且似乎也找不到导致紧张的威胁或压力源。这个年龄段的孩子本来就会担心很多事，容易焦躁不安。但是，只有当焦虑情绪影响一个人的正常机能时，我们才说他患上了焦虑症。过度焦虑的青少年不敢参与日常的各种活动，他们会变得羞怯，不敢尝试新体验。当然，他们也可能走向另一个极端，变得更爱冒险，他们会吸毒、进行高危性行为，并以这些方式来舒缓紧张情绪，甚至借此来否认自己的不安。在某些情况下，过度焦虑会让人出现头疼、胃痛、疲劳、颤抖、冒冷汗或呼吸亢进等生理症状。

在焦虑症和冲动控制障碍患者中，有 50%~75% 的人在青春期开始发病。根据美国国家精神卫生研究院制订的分类标准，焦虑症还有一些亚种，这些障碍的患者不限于青少年。

同样是焦虑症患者，青少年和成人之间的差别主要来自于压力源的不同。对成人来说，生病、穷困、工作不顺或家庭不和都会引发焦虑。而对青少年来说，朋友关系不和、不被他人接纳或者成绩不佳是引发焦虑的主要原因。焦虑症患者和感到焦虑的正常青少年之间的差异不在于内容，而在于程度。在一项于 2000 年进行的焦虑障碍诊所调查中，患者被问及哪些问题时常困扰他们，又有哪些问题最让他们感到担忧，他们的回答和正常年轻人的回答没有太大的不同。

时常困扰他们的 5 大问题：

1. 朋友关系
2. 同学关系

3. 学校生活
4. 健康问题
5. 学习成绩

最让他们感到担忧的 5 大问题：

1. 战争
2. 个人伤害
3. 灾难
4. 学校生活
5. 家庭生活

青少年焦虑症患者和感到焦虑的正常青少年之间的差别主要是焦虑程度和症状延续时间。科学家对青少年焦虑症患者进行了脑成像研究，结果发现这些患者的边缘系统，以及大脑内负责恐惧和情绪的部分，特别是杏仁核，总是比常人的对应脑结构更活跃。许多研究证实，杏仁核活动水平和焦虑症存在正相关关系，只不过左侧杏仁核与抑郁症有关，右侧杏仁核与焦虑症有关，这一部分负责探测情绪性刺激。

青少年的杏仁核本来就比较活跃，这意味着他们需要用前额叶皮层对其施加更有力的控制。但是对青少年焦虑症患者来说，他们的头脑尚未发育成熟，还无法实施上述自上而下的控制。因为这种能力需要大脑的各个区域彼此“对话”，但动物研究显示，未成年个体的各个脑区不像成人相关脑区那样频繁地彼此沟通。这是因为他们大脑内的神经束尚未完全覆盖髓磷脂导致的，因此不同脑区之间的信号无法迅速传递。

在这个年龄段，女孩比男孩更容易患上焦虑症和心境障碍。女孩本来就容易在生活中察觉到更多压力源，而且对压力源的反应也更强烈。女孩额叶皮层下与情绪中枢相连的神经连接比较强，这让她们对社交和人际关系变得更加敏感，因此也就更容易感到压力。美国国家精神卫生研究院的科学家于2009年进行的研究显示，当女孩打量彼此时，其大脑情绪中枢的活动处于较高水平[9]。处于青春期的女孩很在意同龄人对自己的评价，因此人际关系问题会成为焦虑障碍的一大诱发因素。

无论是否被诊断患有焦虑症，倍感压力的青少年常常用酒精来放松紧绷的神经。2011年，芬兰的一群研究者对年龄为15岁和16岁的903名男孩和1 167名女孩进行了名为“青少年精神健康群组调查”的研究[10]。作为研究的一部分，科学家调查了这些孩子的饮酒率，特别是焦虑症患者的饮酒情况。在这些孩子中，约有4%患有焦虑症。研究开始时，只有10%的被访对象报告说每周喝酒。但两年后，65%的焦虑年轻人说自己每周喝酒，这使焦虑症的发病率增加了3倍（研究者并未调查男孩和女孩之间的差异）。

青少年很容易受到情绪和精神问题的影响，这一点怎么强调都不为过。在这一发展阶段，孩子们对压力高度敏感，无法对自己进行理性的分析，同伴也无法辨识危险信号，或向身处困境的孩子给予同情。因此，家长和老师的责任就变得更加重大：我们要保持警惕，善于提问并发现各种潜在问题，要及时知晓孩子的所思所想。最重要的是，一旦发现不对劲的地方，我们要立刻寻求专业人士的帮助。此外，如今的孩子总是埋头于各种电子设备，沉溺于网络社交，因此我们就更难发现危险信号。孩子们总是独自坐在桌前上网或玩手机。许多年前，如果一个孩子独自坐在食堂里、校车上或看台上，教师和家长就会警觉。但现在的孩子对身边事不闻不问，一心盯着液晶屏，这似乎已经变成很正常的事，因此我们更难发现问题。但是，如果你不去主动探察，就永远发现不了问题。你要尽力融入孩子的生活，别指望他们自己或他们的朋友能够主动拉响警报。

THE TEENAGE BRAIN

10 网络成瘾

离开手机，还能幸存吗

2012 年 5 月的一个下午，我打开了一封陌生人写给我的电子邮件。写信的这位男士最近了解到我对青少年大脑发育做过一些研究，在信件的标题栏中，他只写了“电脑成瘾”这几个字。他在信里说，15 岁时的他非常内向，感到非常孤独，闲暇的时候，基本都上网泡在聊天室里和同龄人聊天。他觉得以这种方式和别人交流没什么压力，因为在讨论自己的兴趣爱好时，他不必向对方揭示自己的真实身份。渐渐地，他沉醉其中，不能自拔。这位男士现在 26 岁了，他说这些年来，网上的虚拟生活比现实生活更真实，更令人愉悦。“自此，我的生活便螺旋式下滑。”他说。他整天沉迷于聊天室，而且越来越觉得

> 自己不断在数码自我和真实自我之间切换。11年后，不堪成瘾折磨的他终于下决心写信给我，希望我能为他指点迷津。我当然很希望能帮到他，于是写信告诉他说，上网成瘾和毒品成瘾所涉及的奖赏中枢是一样的。青少年本来就很容易对一些事物上瘾，因此从神经生物学的视角来看，他上网成瘾并不是一件难以理解的事。当他在现实生活中难以和别人面对面交流时，网络为他提供了一个难得的交互窗口，所以他不必为此感到内疚。毕竟，他是在没有外界引导的前提下，进行着关于自身的摸索。青少年喜欢探索，他们试图做出明智的决定，但在虚拟世界里，很多事情难辨真伪，这就造成了成瘾的倾向。在虚拟世界里，你无法验证各种信息的真实性。如果一个青少年独自坐在卧室里的电脑前，遨游在虚拟数码世界里，这种和现实生活的脱节本来就会带来很大压力。

“远离媒体24小时”实验

如今的年轻人可以说是经受大量电子设备干扰的第一代，所以他们很容易受到一系列全新因素的影响。科技为猎奇提供了全新的机会，由于青少年的头脑很容易被刺激，所以最新的数码设备很容易让孩子们分心。与喝酒、吸食大麻、性交和飙车一样，最新的苹果手机也能轻易触发可以激活大脑奖赏中枢的一系列神经过程，并让令人愉悦的神经递质多巴胺得以释放。从某种角度来说，科技就是让人上瘾的药物。虽然于2013年发布的《精神疾病诊断与统计手册》第五版将网络游戏障碍添加到附录中，并建议科学家对其进行深入研究，但无论是美国心理协会，还是美国精神病学会，都没有正式将网络成瘾列为心理障碍。上述组织关于这一问题的看法有些落伍了。越来越多的科学证据显示，过度上网会影响青少年的心境，若干研究显示，上网成瘾与抑郁、学习成绩下滑存在关联。无论如何，越来越多的“网虫”觉得自己已经成瘾，甚至主动寻求心理专业人士的帮助。2009 年，名为“重新开始”（reSTART）的康复中心在华盛顿州的福尔城建成，成为全美第一所旨在专门戒除“网瘾”的康复中心。

如今的青少年对高科技最有发言权，虽然他们最懂行，但也最容易受到科技的负面影响。让我们看一看下面这些标题：

- “学生群体中频现科技成瘾综合征”
- “全球学生沉迷于各大媒体”
- “技术痴迷”

2010 年春，选修马里兰大学（University of Maryland）媒体素养基础课程的 200 名学生参加了一项奇特的实验[1]。老师要求他们在 24 小时内不使用任何数码设备，不接触任何媒体。这项实验的结果轰动全球，促使实验发起人苏珊·莫勒（Susan Moeller）教授在更大范围内再次开展了实验。她对学生的要求是这样的：

> 你们要完成的任务是给自己腾出 24 小时，并在这段时间里不碰任何媒体，以下行为将被禁止：上网、看报纸或杂志、看电视、使用手机和 iPod、听音乐、看电影、上社交媒体、玩电子游戏等。
>
> 如果你不小心破了戒（如无意中接听了电话），那么请不要“放弃”，而是应该继续完成这 24 小时的任务。如果你没有撑到终点，那么请如实告知你坚持了多久，告诉大家是什么导致了任务的失败，你觉得这项实验对你意味着什么。
>
> 虽然你需要使用电脑完成各种作业，但请安排好自己的时间，腾出完整的 24 小时，你可以在这段时间之前或之后完成作业。是否坚持到最后不会影响大家对你的评价，但请尽力保证自

己在这段时间里不使用任何数码设备，不接触任何媒体，并努力坚持。

莫勒是马里兰大学媒体和公共议程国际中心（International Center for Media and the Public Agenda，简称 ICMPA）的成员，她与萨尔斯堡媒体和全球变化学院（Salzburg Academy on Media and Global Change）合作，开展了第二次调查。他们在包括美国在内的 12 个国家，对近千名学生进行调查[2]，并要求他们在完成 24 小时实验后写下自己的感受。孩子们是这么倒苦水的：

“我要发疯了。”

“我已经傻了，这种日子让人怎么过。”

“我感到自己已经死了。”

各国学生都表达了相似的感受：

英国学生

“空虚。空虚将我淹没。”

“我和外界断绝了联系……就像病人被拔了管子一样。”

“我已完全麻木。”

中国学生

“我坐在床上，目光呆滞，无所事事。”

“我心里空空的……觉得失去了什么重要的东西。”

乌干达学生

“我觉得自己出了毛病。”

“我一分钟一分钟地计算实验还剩多少时间，哪怕是多忍一秒我都办不到！”

“我好孤独。”

墨西哥学生

“这一天我在焦虑中度过。我的脑子里冒出了各种奇怪的念头，从绑架到外星人入侵，什么都有。”

美国学生

“我进入了绝对抓狂模式。”

“我觉得自己正遭受虐待。”

许多学生用描述药物成瘾的词汇来描述自己的上网成瘾，戒网一会儿就像酒鬼手里的酒瓶被抢走一样，让人抓狂。一个美国学生写道：“我像断了毒品的瘾君子一样抓耳挠腮，因为我无法使用手机。”另一个墨西哥学生写道：“夜已深，我脑子里有个诡异的声音不断念叨着‘我要 Facebook’‘我要 Twitter’‘我要 YouTube’‘我要电视’。”一个英国学生写道：“这是病，我绝对上瘾了，禁闭 15 小时的我无限渴望恢复原有生活。电子邮件、手机短信、Facebook，我是多么想念你们啊。我觉得自己已经没法回头了，一切劝我悔改的努力都是徒劳的。我很清楚自己已经上瘾，但我不以为耻。”具有讽刺意味的是，虽然各大网络媒体在报道上述实验时大声疾呼“救救孩子们”，但却在报道旁提供了很多链接、论坛以及各大社交媒体的交互按钮，如“关注”“分享”“点赞”“评论”“上传照片和视频”等。难怪孩子们一天不触碰这些社交媒体就会抓狂：

“我很烦躁。”

“我很焦虑，感到极度痛苦。”

“我焦虑、烦躁，没有安全感。”

“我莫名焦躁。”

莫勒既不是精神病医生，也不是神经科学家，虽然她所进行的调查的科学性不是那么强，但是这些学生的反馈还是让我们想知道，这些在数码时代成长起来的年轻人的脑子里到底发生了什么。皮尤研究中心的互联网和美国生活项目于 2011 年进行的一项研究显示，在年龄介于 12~17 岁之间的年轻人中，95% 上网，80% 使用社交媒体，93% 有 Facebook 账户，41% 有多个账户[3]。一本有关青少年的周刊刊载了一篇文章。在这篇文章中，两位来自芝加哥的高中生说，智能手机在学生中很流行，大家会不遗余力地把手机偷偷带进学校。一位被访学生说:“高二的时候，我把手机伪装成饼干三明治，我用棕色纸巾包好手机，然后再用饼干夹住手机。进校安检的时候，我就把可口的‘三明治’和橘子汁放在安检门顶上，然后自己穿过安检门。”另一个学生说，她会把自己的长发团成一个团，然后把手机藏在里面:“这样，即便金属探测器响了，他们也发现不了我的手机。”看来，青少年和智能手机已经形影不离。一个高中生告诉这篇文章的作者:“我的手机存下了我的整个生活。如果手机丢了，我也不活了。”

智能手机已经深深地嵌入了我们的意识之中，三分之二的手机使用者报告说曾经出现过感觉手机振动的幻觉，研究者开始将这种现象称为幽灵振动综合征。我们先前已经读过很多青少年不使用手机、电脑后的感受，从中不难看出，药物成瘾者的许多典型行为也出现在上网成瘾者身上，如隐瞒事实、忽视日常活动以及真实的人际交流。

青少年觉得自己必须通过数码设备或网络和外界保持联系的这种需要既体现在行为上，又反应在生物化学层面。每当电话铃声、提示音或音乐响起的时候，孩子们的头脑就会感到兴奋。他们查看新消息或新帖子时就好像打开礼物一样，大量多巴胺在大脑内释放，让人感到愉悦[4]。事实上，大量证据显示，网络成瘾和药物成瘾非常相似。近期有关青少年的功能性磁共振成像研究显示，吸食可卡因和甲基苯丙胺成瘾会改变大脑左右半球的连接特征，其他使用多巴胺作为神经递质的重要脑区之间的连接特征也会改变。磁共振成像研究显示，网络成瘾和药物成瘾的神经活动特征很像，这点很有趣。不可思议的是，让网络成瘾者上瘾的不是药物，而是纯粹的心理过程！这是一个“心理胜于物质”的典型案例。因此，有关网络成瘾的研究或许可以为我们揭示与成瘾相关的最纯粹的脑回路，或许能为未来的网络成瘾治疗实验提供良好而客观的检验标尺。

适度游戏健脑，网络成瘾伤身

在各种有关数码科技和网络的活动中，电子游戏是让年轻人痴迷、让他们花费最多时间的活动之一。电子游戏通过特定界面产生视觉和听觉反馈，进而和人类产生互动。现如今，你可以在计算机、平板电脑、手机、游戏主机和手持游戏机等多种设备上玩电子游戏。当然，电子游戏在五十多年前就已诞生。1958 年 10 月 18 日，位于长岛的布鲁克黑文国家实验室（Brookhaven National Laboratory）举行每年一度的开放日。检测仪器部门负责人，核物理学家威廉·希金博特姆（William Higinbotham）想出了一个寓教于乐的好主意。于是，首款具有真实互动功能的电子游戏就此诞生，它便是《双人网球》(*Tennis for Two*)。在类似于老旧黑白电视机的示波器上，一条短短的竖线将屏幕一分为二，这条线代表球网。一个拖着轨迹的亮点代表网球，左右移动，越过球网。游戏者使用装有按钮和旋钮的控制器调整发球、击球的角度。如果我告诉你，早在 1958 年，等着玩这款游戏的人就已经排起了长队，你会感到惊讶吗？我想不会。

虽然本书涉及的许多研究成果来自动物实验，但有关电子游戏的脑科学研究基本都以人类为研究对象。毕竟，我们很难在动物实验中模拟游戏过程。你能想象一只大鼠抱着游戏手柄玩《侠盗猎车手》吗？这实在是天方夜谭。所以，在进行相关研究时，科学家要么使用心理测试进行测量，要么使用功能性磁共振成像技术进行观察。在后一种研究中，科学家会对玩游戏的被试进行观察，看他们大脑内的哪些区域被激活，并将其与控制组被试的脑扫描图像进行比较，看看这些区域是变大还是变小。2012 年，科学家在中国对 7 名电子游戏成瘾者进行了一项研究，并将他们的脑扫描图像与 24 名控制组被试的脑扫描图像进行比较，这 24 名被试的性别、年龄和教育水平和这 7 名成瘾者相仿。研究结果显示，成瘾组在风险偏好上的得分更高。此外，脑扫描图像显示，他们的额叶和其他脑区的连接性不够好，但是，那些涉及尼古丁成瘾的脑区却彼此紧密连接[5]。另一项研究旨在测量连接额叶和其他脑区的脑组织的真实厚度，该研究也证实了上述结论。

在韩国进行的一项研究也证实了上网对青少年大脑结构所产生的影响：实验组是 15 名被诊断为网络成瘾的男性青少年，控制组是正常的青少年，科学家比较两组脑扫描图像，结果发现，实验组青少年大脑内负责调控冒险行为的眶额皮层面积较小[6]。强迫症患者也有这种特征。

一般来说，青少年，特别是男孩子，会在 21 岁前玩大约 10 000 小时的电子游戏。这么多的时间都被他们用于打磨一种和经济回报、知识增长没有直接联系的技能。在《异类》（*Outliers*）一书中，马尔科姆·格拉德威尔（Malcolm Gladwell）说，无论在什么领域，10 000 小时的投入差不多可以让你成为专家①。这意味着，青少年花那么多时间培养了一些没什么实际用途的技能，除非他们从事电子竞技，或在需要大量计算机模拟的行业中工作。要知道，10 000 小时足以为你赢得一个学士学位！

那么，适度玩电子游戏对头脑有好处吗？这个问题有点复杂。简言之，和任何形式的学习一样，适度游戏对头脑有益。游戏成瘾和适度游戏还是有区别的。与阅读和其他形式的“平衡的”脑刺激相似，磨炼电子游戏技

---

① 关于这一理论的更详细介绍请参阅《一万小时天才理论》，该书中文简体字版由湛庐文化策划、浙江人民出版社出版。——编者注

能有一些好处。德国马克斯·普朗克研究所（Max Planck Institute）进行的研究显示，玩电子游戏和一些脑区的面积增大有关，特别是内嗅皮层、海马、枕叶和顶叶的增大。上述区域对工作记忆以及视觉空间技能非常重要。许多教育者已经开始使用模拟技术来教授各种技能，飞行学校让学员在模拟器上练习飞行，护校用计算机模拟病人心脏病发作和中风，并让学员练习如何处置。上面提到的研究成果对这些教育者来说是好消息。

但是，如果青少年沉迷于电子游戏之中，上了瘾，对其他事不闻不问，那么他们的头脑将遭受短期和长期的负面影响。

中国研究者发现，那些每周 6 天、每天 10 小时玩网络游戏的大学生，他们大脑中负责语言、记忆、运动控制、情绪控制、目标设定以及冲动、不当行为抑制的灰质区域全都发生了变化。科学家发现，这些学生玩游戏的时间越多，他们的灰质就变得越少，一些人的灰质竟然减少了 20%。此外，科学家还发现，这些成瘾者的白质异常，具体来说是记忆中枢，特别是右海马旁回的白质。研究者提出假设认为，成瘾者大脑内这些区域白质的增厚说明他们的短时记忆存储可能出了问题[7]。而附近其他区域白质的减少会损伤个体的决策能力，让这些成瘾者难以下决心关掉电脑，远离网络！酗酒或吸食海洛因、可卡因和大麻的青少年也有上述问题。

也许对青少年来说，最致命的诱惑就是在线赌博，因为它将高科技和赌博这两种成瘾性很高的事物结合在了一起。各项研究显示，70%~80% 的青少年曾经参与过网上赌博。虽然你必须年满 18 岁才能进赌场，但研究显示，年仅 10 岁的孩子就能访问赌博网站，参加免费的练习赌局了。对这些赌场来说，访问者的年龄限制形同虚设，青少年可以自己选择合适的年龄，而且这些网站 24 小时运作，全年无休。全球各地均设有赌博网站的服务器，只要其中一些服务器设置在没有访问年龄限制规定的国家，任何人，包括美国青少年就都可以轻松访问。此外，iTunes 上也有免费的赌博应用程序

习过程，而且会促进像皮质醇和肾上腺素这样的应激激素的分泌。但皮质醇长期维持在高水平会和一系列令人担忧的现象联系在一起，如变得更加冲动或富有攻击性，丧失短时记忆，甚至患上心血管疾病。换言之，一心多用会不断消磨我们，让我们思维混乱，感到疲劳，失去灵活应变的能力。我们之所以坚持这么做在很大程度上是因为习惯的力量，而青少年很难改掉自己的习惯，所以他们一旦习惯上一心多用，便很难再改回来。“这着实让人担心，”俄亥俄州立大学的王博士对媒体说，“因为孩子们觉得自己在做作业的时候必须打开电视、保持手机和网络通信渠道的畅通，以便及时查收短信或其他消息。这么做无助于学习，但却能让他们感觉良好，所以他们会坚持这么做……如果你今天一心多用，那么明天也可能会这么做，久而久之，该行为便不断被强化。”[10]

虽然一心多用能让青少年感觉良好，但一些研究者却发现，这种行为与抑郁和焦虑存在一定关联。不过到目前为止，科学家还没搞清楚两者孰因孰果。帮助青少年避免一心多用的最佳方法就是让他们列出各项活动的优先级，组织好自己的时间。你要鼓励孩子们列清单，比如让他们列出为了完成作业而需要从学校带回家的书本，列出必须在睡觉前完成的各项任务。每当孩子们完成一件任务，就让他们把清单上的相应条目划掉。孩子放学后，你要让他们当着你的面把书包里的所有东西都拿出来，让他们列出需要完成的各项作业，并询问他们先完成哪一项。孩子对此或许会十分抵触，但如果你把话说清楚，在他们完成某项任务前不许看电视、玩电脑、吃点心，那么你的赢面会大一些。一般来说，干扰越少越好，所以你一定要在孩子做作业时关掉电视。当然，一些孩子在做作业时戴耳机听音乐的确更容易放松，更容易集中注意力。但你必须通过观察来判断他们的学习效率是否真的有所提高。

微风掀巨浪的网络世界

THE TEENAGE BRAIN 青春期的故事

过度涉足数码科技不仅会在认知和情绪上影响青少年，而且还能让他们摊上大事。2013 年 1 月，一个名叫雅各布·考克斯-布朗（Jacob Cox-Brown）的 18 岁俄勒冈男青年在 Facebook 上更新了自己的状态："喝醉了开车……太经典了；）如果你的车被我撞了，实在是对不起。：P" 虽然法庭仅凭这些文字无法为其定罪，但当地警方还是逮捕了他，并以两项罪名指控他危险驾驶[11]。而在此之前 6 个月，肯塔基州一名 18 岁的女子因为发帖说自己酒驾肇事逃逸而被捕。这个帖子发布在她的 Facebook 上，而且她还使用了"LOL"（大笑）的缩略语。法官可是非常严肃的，判她入狱 48 小时[12]。至于驾车时收发短信，各州的规定有所不同，有的州禁止在驾车时使用任何数码设备，包括打手机，免提耳机也不例外。

互联网的确可以开阔年轻人的眼界，让他们在很短的时间里接触大量新鲜事物，就这一点而言，现在的年轻人比他们的父辈幸福多了。但这是把双刃剑，借由互联网的非凡传播力，一些事件的影响也会在很短时间内扩散到很大范围。从前，青少年恶作剧的影响仅限于校园内。现如今，同样的恶作剧可能引发无法预料的严重后果。

THE TEENAGE BRAIN 青春期的故事

我的一个同事独自拉扯一个 16 岁大的女儿，这个孩子在费城一所公立中学读高二。和同龄人一样，她也很喜欢用手机发短信、玩社交网络，只要一空下来就两眼盯着手机屏幕。另一个女生偷偷拍了一张这个女孩上课睡觉的照片，将照片上传至 Instagram，并配上一个贬损的标题。当然，女孩很快就发现了这个帖子，她情绪低落，打电话给母亲。我同事随即联系了校方。结果，当天放学前，那个偷拍并上传照片的女生就被停课了。她感到十分气恼，也很想报仇。

由于我同事的女儿喜欢在Twitter上发布自己的行踪，所以找到她并不难。那个被停课的女生在Twitter上扬言要“痛打”对方，并邀请大家去市中心观看。几十个人真的去了，结果差点酿成一场骚乱，警方逮捕了4个成人和10个青少年，我同事的女儿虽然受到了攻击，所幸只是受了一些皮外伤[13]。我同事在和我讲述这个故事的时候说：“孩子们绝对不该使用社交媒体。他们不知道自己的行为会引发什么样的后果。这类平台太自由了。孩子们爱说啥就说啥，哪怕是脏话。这个公共平台对言行几乎没有任何限制。”我问她女儿现在好不好。她说孩子的成绩一度下滑，因为她感到难堪，不过很快就恢复了，而且说自己“从中吸取了很多教训”。

“希望她这次真的学乖了。”同事说。

除了入狱和斗殴以外，社交媒体的不当使用可能造成更为严重的后果[14]。来自新泽西州的里奇伍德的18岁小提琴手泰勒·克莱门蒂（Tyler Clementi）非常腼腆。他不幸陷入了一桩别人制造的数码丑闻，当时他上大学刚刚一个月。

THE TEENAGE BRAIN 青春期的故事

克莱门蒂高高瘦瘦，长了一头红发。数周前，他告诉父亲自己是同性恋者。入校后，校方给他安排了一个名叫达伦·拉维（Dharun Ravi）的室友，此人自称是电脑奇才。2010年9月19日，拉维在宿舍里设置好摄像头，来到隔壁，也就是新生魏莫

> 莉（Molly Wei）的寝室。他将魏莫莉的电脑连接上先前设置好的摄像头，登录 iChat 网站，随后启动自己寝室的摄像头。他们要偷窥的是克莱门蒂和男友的亲热举动。在长达一分多钟的时间里，拉维、魏莫莉和其他几个学生观看了克莱门蒂和自己的男友拥抱接吻。第二天，克莱门蒂发现拉维在 Twitter 上发了帖，自己成了丑闻的男主角。克莱门蒂似乎没有太在意这件事，只是要求学校给他换寝室。不过，两天后，他发现拉维准备故伎重施。
>
> 9 月 22 日晚上 6 点 30 分，克莱门蒂坐上了新不伦瑞克的校车，随后搭火车去纽约。这是个温暖而阴雨绵绵的秋日，晚上 8 点 42 分，这个刚刚赢得校交响乐团宝贵席位的年轻人最后一次更新自己的 Facebook："准备从乔治华盛顿大桥上跳下去，对不起。"不知道拉维是不是看到了这个帖子，他在 5 分钟后发短信道歉说："如果你听到了一些闲言碎语，我感到十分抱歉。我向你保证，我所做的一切均无恶意。"第二天，警方在乔治华盛顿大桥下冰冷的哈得孙河水里发现了克莱门蒂漂浮着的尸体。6 天后，米德尔塞克斯县检察官办公室以侵犯个人隐私罪对拉维和魏莫莉提起公诉。

该事件闹得沸沸扬扬，英国、法国、丹麦、土耳其、日本、印度尼西亚和澳大利亚的媒体均大肆报道。名人、政客、脱口秀主持人将拉维的举动称为数码凌辱、仇恨罪行，还有些话说得比这更难听。在 Facebook 上，众人分成两派，一派谴责拉维和魏莫莉，另一派则支持他们。这两个 18 岁大的年轻人收到死亡威胁，不得不东躲西藏。虽然该事件渐渐淡出了公众的视野，但他们不得不离开学校。

最终，检方以歧视恐吓、收买证人和破坏证据等罪名起诉拉维。魏莫莉接受了认罪协议，被判为社区提供300小时义务服务。拉维一直通过代理律师宣称自己无罪，他说这只是一场愚蠢的恶作剧，与歧视毫无关系，两度拒绝检方提出的认罪协议。法庭于2012年2月对其做出判决。拉维接受了3周的法庭质询，但没有亲自为自己辩护，宣判时也没到庭。法庭认定他犯有15项罪行，其中包括歧视、侵犯他人隐私。这些罪名原本可以让他坐上10年牢，但法庭最终判他入狱30天，缓期执行，还判他为社区提供600小时义务服务。有些人觉得这一判决太轻，有的则觉得太重。不管怎样，拉维和魏莫莉的生活已经发生了不可逆转的改变，而克莱门蒂的生命则已早早终结。几乎没人相信拉维的行为是出于歧视，大多数人觉得他只是想显摆自己的技术，或是想窥探他人隐私。没人知道克莱门蒂因为自己的同性恋身份而受到了多大的屈辱，也没人知道他的家人面对这样的现实感到多么痛苦。

我们几乎每天都能听到有人利用数码技术侵犯他人隐私、攻击他人，或是莫名搞出大事的报道。其中大多数事件都与青少年有关。2008年，辛辛那提的18岁女孩杰茜卡·洛根（Jessica Logan）因为前男友把她的裸照发给高中同学而上吊自杀。2006年，密苏里州的一个八年级女生在得知自己的网恋是一场骗局后自杀。2001年，俄勒冈州立大学（Oregon State University）工程学系的一个学生利用自己的笔记本摄像头在网上广播室友和女友性交的画面，并因此而被法庭认定为侵犯他人隐私。青少年总是做出一些冲动而鲁莽的事情，但如今的数码工具大幅放大了这些行为的危险和后果。

拉维觉得自己是电脑专家，但在悲剧发生前，他从未认真思考过自己的行为可能造成的严重后果。而克莱门蒂无法越过眼前的障碍，放眼未来，沉浸在绝望中的他更不会在轻生前主动寻求他人的帮助。

THE TEENAGE BRAIN

致家长

虽然已经无法回到那个没有数码科技的世界，但我们至少可以每天从中抽离几小时，哪怕是几分钟也好。而且，越早让孩子养成这一习惯越好。虽然限制青少年上网并不容易，但你至少可以将他们的电脑从卧室搬到你可以经常实施监控的共享空间。一些软件的确可以帮助你了解孩子上了哪些网站，并屏蔽一些不良网站，但是和孩子们沟通的主要责任必须由你自己来承担。当他们做作业时，或是已经过了上床时间之后，你要熟悉他们会在网上干什么，知道哪些网站对他们的诱惑最大。请不要以官兵捉强盗的心态来应对孩子们的上网行为，孩子们需要家长的帮助，唯有这样，他们才能保持清醒的头脑，才能拥有健康的社交生活，而不是沉溺于虚拟的数码世界。

A NEUROSCIENTIST'S SURVIVAL GUIDE TO RAISING ADOLESCENTS AND YOUNG ADULTS

不管你信不信，一些科技界大佬也开始反思网络科技的负面影响。2012 年，《纽约时报》报道说，一些硅谷高管承认，个人接收的数码信息已经过载，每个人都应该适度抽离数码世界[15]。Facebook 高管斯图尔特·克拉布（Stuart Crabb）对《纽约时报》记者说：“如果你把一只青蛙放在冷水里，并慢慢提高水温，这只青蛙最终会被煮死。”克拉布说，每个人都应该搞清楚网络生活对工作绩效、人际关系，乃至整体生活质量的影响，这点非常重要。这些科技大佬有没有说一套做一套呢？思科（Cisco）首席技术官伍丝丽（Padmasree Warrior）告诉《纽约时报》记者，她经常告诫手下的 22 000 名员工适时离开网络世界，做一做深呼吸。她说自己每天晚上会花时间冥想，每周六会画画、写诗。这时候，她就会把自己的手机关掉。

THE TEENAGE BRAIN

11 性别差异

女孩的学习成绩为何会在一段时间内领先于男孩

我的青少年大脑发育系列讲座始于2007年，第一次讲座就在我儿子就读的中学康科德学院举办。康科德学院的校长、辅导员和老师给予我儿子无微不至的关怀，让我安然度过了那几个乱糟糟的年头，所以我想回馈他们。原先设想的简单讲座最终变成了为期两天的研讨会，我为老师、家长和孩子们分别开设了有针对性的讲座。两位同事兼好友加入了我的行列，他们是医学博士戴维·于里翁（David Urion）和玛丽安娜·沃尔夫（Maryanne Wolf），前者是哈佛大学医学院神经学系副教授，后者是塔夫茨大学（Tufts University）阅读和语言研究中心主任。

于里翁是神经学专家，他主攻注意力缺陷多动障碍，当然还涉足其他一些研究领域。他花费了大量时间和精力，试图理解学习障碍对儿童和青少年的影响。沃尔夫主要研究儿童如何学会阅读，以及男孩和女孩在语言处理方面的性别差异。

当沃尔夫上台演讲时，她首先邀请台下观众参与一个小小的演示实验。一个男孩和一个女孩来到台上，他们都13岁大。沃尔夫要求他们分别在一分钟内尽可能多地说出以某字母开头的单词。她每次进行这项演示时都会让女生先说，让男生在一旁观摩，让他有更多时间热身。沃尔夫对女孩说："请尽可能多地说出以字母P开头的单词，现在开始！"一连串单词从女孩口中蹦出："pumpkin（南瓜）、pattern（花样）、public（公众）、popular（流行）……"结果，女孩在一分钟内说出了35个单词。男孩一直在认真观看，所以他应该准备得更充分，是不是？沃尔夫转身对男孩说："你准备好了吗？"台下的一些男孩开始窃笑。沃尔夫继续说道："以字母M开头的单词，现在开始！"男孩四处张望，似乎在等待台下观众的提示，他支支吾吾，在脑海里艰难地搜寻符合条件的单词。如果他说出的单词数量有女孩的一半就已经很不错了。沃尔夫的这项演示我已经看过3次，每次的结果都一样。她说，在这个年龄段，女孩完成这项任务的表现明显优于男生是有原因的，而且这一差异将在数年内消失。该任务涉及两个脑区：处理言语和语言的顶颞叶，以及控制决策的额叶。也就是说，这项任务检验的是孩子的语言能力和快速决策能力。就这两方面而言，13岁的女孩要比男孩强很多，因为她们大脑内这两个区域的连接比男孩充分。

两性大脑发育各有千秋

科学家和心理学家很早就知道，男孩和女孩在发展过程中存在性别差异，他们知道女孩的读写能力一般领先男孩一年至一年半。如果你的孩子已经进入青春期，那么肯定会对上述结论表示赞同，而且觉得这没什么稀奇。但你或许不知道，上述差异并不是因为发展速度的不同而造成的。为什么呢？因为在这一年龄段，男孩和女孩的大脑在解剖上存在生理差异。

男性和女性之间的大多数脑结构差异十分微小，而且主要和体型差异有关。其他一些差异则不涉及任何优势或劣势。比如，成年男性的大脑平均比女性大 6%~10%，但哈佛大学的研究者却发现，女性大脑左右半球之间的连接比男性更多。儿童头脑的性别差异更夸张，在大脑发育最为迅猛的阶段，同龄男孩和女孩的脑容量可以相差 50% 之多。所以根据大脑在解剖学上的差异得出有关大脑功能差异的结论是愚蠢的，至少在我们讨论大脑功能的性别差异时是这样。

不过，两性的神经系统在解剖学上存在差异是毫无争议的。早在胚胎期，这些差异就开始显现，因为激素已经改变了胚胎的大脑发育方向。这被称为两性异形。受到性激素（女性的雌激素和男性的睾酮）影响最深的脑结构之一便是下丘脑。这很重要，因为在人的一生中，下丘脑的主要作用是调节激素。

桑德拉·维特森（Sandra Witelson）是加拿大麦克马斯特大学（McMaster University）精神病学和神经科学教授。她收藏了 120 多个正常大脑的标本，规模全球第一。在 30 年的研究生涯里，她不断发现大脑的性别差异，但这些差异非常微妙，它们与相关大脑功能差异之间的联系往往出乎我们预料。就拿连接左右半球的神经组织胼胝体来说吧，该结构似乎与女性在接受智商测试时所表现出的语言能力有关，但上述关系对男性来说并不成立。（而且，在青春期，女孩的胼胝体比男孩大 25%。）另一项研究显示，男性的记忆力与海马内神经元的密度有关，但这一关系对女性来说不成立。有关认知任务的研究并没有发现某一性别比另一性别更强或更弱。上述研究成果提醒我们，在讨论大脑功能的具体性别差异时，我们不应被固有成见束缚。

最近，宾夕法尼亚大学的拉克尔·古尔（Raquel Gur）和同事们利用两种磁共振成像技术对两性大脑左右半球的连接性进行了研究[1]。这两种技术分别是弥散张量成像和功能性磁共振成像，前者测量大脑内各结构之间的连接，后者则测量大脑被激活时，各区域之间的协同状况。在研究过程中，古尔和同事一旦发现不同脑区同时“亮起”，或其中一个激活另一个，就会用线条将相关脑结构连接起来，于是便绘成了脑内连接图。在比较左右半球的连接状况后，研究者发现，虽然就左右半球的绝大多数连接而言，男性和女性是相同的，但男性在大脑半球之内的连接更多，而女性在大脑半球之间的连接更多（见图 11-1）。

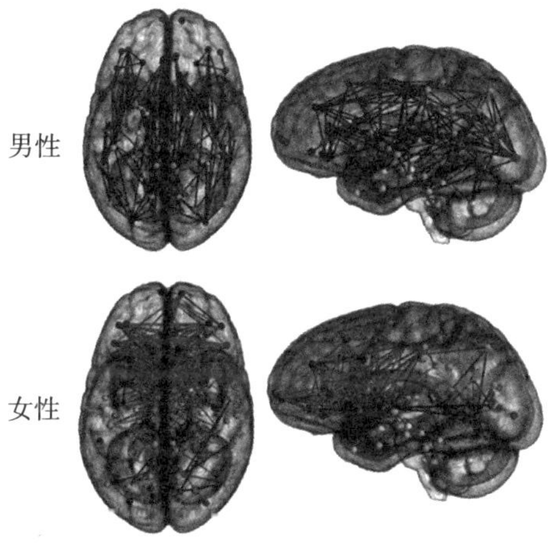

图 11-1　脑内连接状况的性别差异

我们可以用弥散张量成像和功能性磁共振成像来了解大脑内各结构的连接状况。女性左右半球之间的连接似乎多于男性，而男性大脑半球之内的连接更多。

资料来源：Reprinted with permission from M. Ingalhalikar et al., “Sex Differences in the Structural Connectome of the Human Brain,” *Proceedings of the National Academy of Sciences* 111, no. 2 (Jan. 14, 2014), 823-28, copyright 2014 National Academy of Sciences, U.S.A..

科学家一致认为，至少对青少年来说，两性的特定脑功能确实存在差异。女孩的胼胝体更大，这意味着她们左右半球之间的沟通更好，因此，她们或许比男孩更善于在不同任务之间切换。我的一个同事有两个儿子，一个十几岁，另一个二十刚出头。最近，这两个儿子让她抓狂不已。我同事的女儿将在美国中西部举行婚礼，她帮女儿筹办，并提前一年定下了婚期。大家将坐飞机赶赴婚礼举办地。当然，这意味着每个人都要准备好登机所需的身份证件。但距离婚礼还有几天的时候，那两个毛头小子出状况了。住在佛蒙特州的小儿子突然意识到自己的驾照过期了，而护照留在了父亲位于马萨诸塞州的家里。住在华盛顿特区的大儿子把皮夹落在出租车上，他也把备份身份证和护照留在了马萨诸塞州的家里。不过，他至少提前几天打电话给父亲，让父亲把护照快递给他。快递本该在他上飞机前到达，但他一直没有收到。最终，他只能让公司出具身份证明，这才登上了飞机！两个年轻人最终还是及时赶到了婚礼现场，真的好险！

我们先前曾经提到，从 6 岁到 18 岁，男孩和女孩大脑内的灰质都会减少。而在他们十几二十岁的时候，白质又会增多。虽然男孩大脑内白质的增长速度高于女孩，但男孩和女孩未必使用相同的脑区来完成同一种认知任务。2008 年，美国西北大学和以色列海法大学（University of Haifa）的科学家合作开展有关男孩和女孩如何加工语言的研究。他们发现，一般来说，处于青春期的女孩的语言能力比同龄男孩好[2]。当科学家让女孩完成复杂的听觉和视觉语言任务时，她们大脑内负责抽象思维和语言的区域同时被激活，而且女孩能力的高下与上述区域的活动水平相关。虽然男孩的语言能力水平也与特定脑区的活动水平相关，但这些区域不是抽象语言区，而是负责听觉和视觉的区域。若干研究显示，男性和女性成人使用不同的脑区聆听或大声朗读单词，也就是说，不同的路径可以通向相同的终点。

女孩的情绪控制能力更胜一筹

杏仁核是产生情绪的主要脑结构，在青春期早期，女孩大脑内该结构的发育比男孩早 18 个月。女孩的海马也发育较早。而且该结构存在性别差异，男性两侧的海马是不对称的，而女性是对称的。其他研究数据显示，女性大脑左右半球之间的联系更多，这与上述研究成果是一致的。杏仁核与海马都属于边缘系统，它们的功能会受到激素的影响。

多少次，我的儿子由于未被邀请参加舞会、输掉体育比赛或和女友分手而整日闷闷不乐，吃饭时默默不语。这会让我抓狂，我似乎只有拔掉他们的牙齿，才能让他们吐露真言。我一些朋友的女儿也处于青春期，虽然她们也像其他青少年一样经历各种波折，但至少能将自己的所思所想一五一十地告诉父母。我实在是太羡慕她们的爹妈了。

无论男女，青春期的孩子都会经历大幅情绪波动，这部分是因为他们初尝激素的滋味，还不知道应该如何应对。这种控制能力最终会由额叶实施，情绪波动的幅度会随之减小，但青少年的额叶尚未发育成熟。他们所经历的学习曲线十分陡峭！青少年面临着双重困难，一方面，他们试图处理有关特定情绪体验的信息，另一方面，他们大脑内负责将情绪信息和记忆整合在一起的大脑结构尚未发育成熟。正是因为青少年大脑内负责情绪与智力的区域之间尚未建立良好的连接，如记忆相似经历的区域，所以他们多多少少是凭直觉对身边发生的事做出反应的。但至少在青春期初期，女孩在这方面略胜一筹。

男孩更需要学会安排时间

一说到性别差异，我们通常会想到情绪。不过，两性大脑发育速度的不同也会体现在其他方面，其中之一便是组织技能。这种能力需要不同脑区的连接与整合，光有充沛的智力是不够的。各脑组织之间的连接是否充分、密切至关重要，正如我们先前提到的那样，髓磷脂覆盖神经元的过程要到个体将近 30 岁时才能完成。在这一过程中，性别差异最大的时候就在青春期。

许多学习专家都会告诉你，男孩需要更多时间来培养自己的组织能力，让自己变得更能集中注意力。这一特点会对教育产生重大影响。我的一个好朋友是教育咨询顾问，她的任务就是把孩子送入优秀的私立中学和大学。对许多青少年，特别是男孩子来说，进入名校可不是一件轻松的事。名校的申请流程十分复杂。30年前，哈佛大学、加州大学洛杉矶分校、纽约大学等名校虽然门槛不低，但还不至于让人觉得高不可攀。现如今，一流名校的录取标准奇高无比，申请者之间的竞争异常激烈。对于组织能力普遍逊于同龄女孩的男孩来说，申请过程就变得更加艰难。

THE TEENAGE BRAIN 青春期的故事

我的教育顾问朋友给我讲了一个故事，故事的主人公是她最近提供咨询服务的一个名叫瑞安的16岁男孩。瑞安是他们高中冰球队的明星守门员。他刚进高中时，东北部一些私立名校就联系他，让他提交申请材料，当然材料中包括成绩单。瑞安是个很聪明的孩子，而且也很努力，但他的成绩一直徘徊在C+至B一带。这样的成绩显然达不到那些名校的录取标准，就算球队教练强力推荐也没用。当教育顾问提到成绩问题时，瑞安抱怨说“作业太多了，每晚要花3小时才能完成”，而且他还要参加志愿活动、校队训练和比赛，所以学习成绩难以提高。瑞安的母亲告诉顾问说：“实情是，瑞安不懂得如何合理分配时间。他总是等到临考前才开始复习，而且把大把时间用于复习历史，却把数学考试彻底忘了。”

瑞安的做法在处于青春期的男孩中非常普遍，因为现在学校的课程安排非常紧，孩子们必须全神贯注、善于计划，并拥有出色的组织能力，但男孩在这些方面一般都发育迟缓。我的儿子安德鲁也不例外，他刚进高中时也有些不适应，需要学习如何合理安排时间，以完成各科作业。他差不多花了一年时间才走上正轨，在这段时间里，我一直和孩子的高中辅导员保持密切联系。安德鲁明白自己有责任安排好学习时间，养成良好的睡眠习惯，并确保自己在学习时免受各种干扰。老师和我只是适时监督安德鲁，给予协助，结果他不仅把自己的学习生活安排得妥妥帖帖，而且也变得更加自信了。

在我父母的出生地英国，所有学生必须在11岁时参加一次入学考试，考试成绩不佳者无法进入高中学习，这意味着他们将失去上大学的机会。虽然受教育的权利在英国并不是一种特权，但由于许多孩子早早地被剥夺了上大学的权利，因此教育反倒变成了一种等级制度。在英国和其他一些国家，孩子们在尚未进入青春期时就要接受测试、评估，教育当局根据这些测试的结果决定谁能接受高等教育，谁又将永远失去深造的机会。这实在是令人遗憾。如果我的儿子在十一二岁，哪怕是十五六岁的时候就接受这种决定人生的判决，我不确定他们是否还能像现在这样成功地接受优良的高等教育。青少年要面对许多险境，在头脑尚未发育成熟时，他们就要接受决定命运的测试评估，这实在是一件难以想象的事。

别让数理化成为男生的专利

最新的统计数据显示，女孩的SAT平均成绩高于男孩，她们完成高中学业、进入本科或研究生院深造的概率也大于男孩，这说明和几十年前相比，现如今的教育状况已经发生了深刻变化。但一些成见依然根深蒂固，我们需要将它们打破。

成见让大家明白，我们有关性别差异的认识总是落后于时代和科学的发展。即便到了今天，还有很多人依旧引用看似科学的证据认为，男性的空间视觉、逻辑思维和线性思维强于女性，而女性的直觉、创造力、共情以及大局观优于男性。在我看来，这些非黑即白的成见并不准确，越来越多的数据可以证实我的观点。全国性非营利组织“编程女生”（Girls Who Code）成立于2012年春，该组织的宗旨是缩小科学、工程和技术领域的性别差异。Twitter、谷歌、通用电气和美国电话电报公司为这一组织提供了支持。“编程女生”开发的培训项目旨在“教育和激励高中女生，并让她们掌握从事计算机专业所需的技能和资源”。该组织提供的数据显示，74% 的中学女生对科学、技术、工程和数学感兴趣，但到她们选择大学专业的时候，只有 0.3% 的女生会选择计算机科学。威斯康星大学麦迪逊分校的珍妮特·海德（Janet Hyde）发现，家长和老师总以为男生更擅长数学，而在成长过程中被灌输了这一理念的女生会有意回避高难度的数学课程。因此，家长和老师的成见就变成了自我实现的预言，女性也就很难跻身顶尖数学家的行列。

女生偏科的情况其实和能力没什么关系，现在更是如此。25 年前，小学男生和女生的数学成绩没什么差别，但到高中时，男生的成绩会明显优于女生。海德和同事对 2002 年颁布的《有教无类法案》（*No Child Left Behind*）中所规定的数学年考成绩也进行了研究，他们比较了 10 个州 700 多万学生的成绩并发现，无论在初中还是高中，男生和女生的平均数学成绩没有差别。对今天的青少年来说，男女生的偏科已不再显著。因此，家长和老师更有必要改掉自己的成见。

性别差异不足以让我们决定男孩或女孩应该学什么，不该学什么。但我们倒是可以利用这些差异对高中课程进行一些改革。由于女孩的大脑皮层比男孩发育得更早，她们的认知发展领先于男孩，所以可以让她们更早接触难度较大的数学和科学课程。

总之，两性在大脑尺寸、大脑发育时间和速度上的差异，再加上性激素的作用，这一切太过复杂，我们无法就两性的大脑机能差异做出结论。虽然很多书籍和电视节目都认为男性和女性的思维和情感存在明显差异，但证明大脑发育和认知能力的性别差异存在因果关系的研究尚未出炉。

科学家确知的是，在人生的任何阶段，特别是在青春期，大脑都是遗传因素和环境因素共同作用的产物。我们接触的任何事物、压力和各种刺激都会影响大脑的发育。我们注意到，在这个不断向前发展的世界，孩子们进入青春期的年龄越来越小。科学家认为，环境影响、营养过剩、激素摄入过量都有可能导致这一现象，但研究者尚未就这一问题得出一致结论。个体提前发育对大脑发育有何影响，我们尚不清楚，这或许是未来 10 年的重要研究课题之一。虽然人们可以抱怨环境恶化带来的各种恶果，但有一点是很清楚的：我们所学和所经历的，无论好坏，无论后果轻重，都会改变我们的大脑。

THE TEENAGE BRAIN

12 运动与保护

钟情剧烈运动的孩子如何保护好大脑

2010 年 1 月一个周六的早上，正在工作的我收到一封电子邮件，来信的标题内容是：

> 一个 15 岁的孩子癫痫反复发作，但在过去 3 个月里，病因始终无法确定，这实在是太恐怖了，请帮帮我们。详情请看正文。

写信的是一位来自新罕布什尔州的母亲莫琳，她的女儿霍利就要 16 岁了，曾是个非常健康的姑娘，但她现在的状况却让母亲十分揪心。所以莫琳给我发来了密密麻麻的两页长信。

两年前的霍利是一个活力四射的运动员，是好胜的拉拉队队长，是田径赛场上的明星，甚至是校男子橄榄球队的一员。她的唯一问题是焦虑障碍，但这丝毫没有影响到她多姿多彩的课外生活。2007年10月，霍利在短短两周内，连续遭受了两次脑震荡，事故都与橄榄球有关。第一次发生在练习时，第二次则是在赛场上，对方的一个小伙子狠狠地冲撞她，莫琳觉得对方故意挑选霍利下手，因为她是个姑娘。虽然在接下来的几个月里，霍利似乎没什么事，但2008年3月，一系列不祥征兆接踵而来。她先是持续头痛了两周，然后在使用电脑时突然昏厥，面部磕在键盘上。醒来后的霍利吓坏了，立刻去找父母，父母随即带她去当地医院做脑电图检查。但诊断结果仅仅是“少女晕倒了”。3天后，霍利的症状加重了。她在朋友家癫痫发作，两眼上翻不停抖动，口水从嘴边流出，最终再次失去了知觉。霍利又被送进了急诊室，接受脑电图检查，但诊断结果依然是“少女晕倒了”。

第二天，霍利的父母就带她去看家庭医生。医生觉得霍利要么患有基底动脉型偏头痛（发病初期伴有脑干功能紊乱症状），要么患上了癫痫症。几天后，霍利在家癫痫大发作，时间长达4分多钟。医生马上给她开了抗痉挛药物，此后数月她再也没发过病，甚至重返橄榄球赛场。但在两次训练中，霍利说自己胸痛，而且喘不过气来。虽然心脏科医生没有发现任何问题，霍利最终还是退出了橄榄球队。2009年，上九年级的霍利连续3个月没有发病。但2010年1月，在校图书馆写报告的霍利又癫痫发作了，时长为6分多钟。两周后，她在法语课上又一次发作，时长11分钟。就这样，虽然霍利第一次癫痫发作距离受伤有数月之久，但后续发作的频率和强度都不断增加，她母亲已经束手无策。我为她们推荐了一个相关领域的神经科专家。

避无可避的脑震荡

即便没有明显的严重脑损伤，头部创伤还是会引发许多后果。许多旨在研究脑震荡初期和晚期影响的最新研究显示，脑震荡对青少年脑部造成的损伤可能不同于成年人。在某些情况下，冲击力相同的脑震荡会让青少年受到更大损伤。这个问题正在变得越来越重要，因为在初中和高中，无论男生还是女生所参与的体育运动的冲撞程度都在不断提升，这部分是由于美国教育法修正案第九条（Title IX）的缘故[①]。此外，不少军人因为简易爆炸装置而遭受了闭合性颅脑损伤。有关此类损伤的争议也很多，因为受伤者大多是二十上下的年轻人，他们的大脑尚未发育成熟。

当然，霍利的病情并不寻常。但这足以引起我们的重视，因为现在参加体育运动的女孩比以往多很多，而且，即便是参与冲撞程度不太大的运动，如足球和曲棍球，女孩还是会遭受脑震荡。头球或被撞倒都会造成脑震荡，且女孩的脑震荡发病率远高于男孩。只有 5% 的闭合性颅脑损伤，包括脑震荡，会引发霍利那样的癫痫症。在遭受严重颅脑损伤的患者中，约有 20%~30% 会继发癫痫。通常情况下，只有威胁生命的严重损伤，如颅骨复合性骨折或颅脑贯通伤才会引发癫痫。运动损伤很少造成创伤后癫痫。但霍利的家人不知道，三重不利因素都聚集在了这个女孩身上：她是青少年，她是女孩，她在较短时间内连续遭受数次脑震荡。

虽然脑震荡近年来日益受到关注，但其研究焦点主要是男性和职业运

① 该法案让女生获得了更多参与体育运动的机会。——译者注

动员。不过，美国儿科学会的数据显示，高中引发脑震荡最多的运动是男子橄榄球，紧随其后的便是女子足球。任何运动都能造成脑震荡。

THE TEENAGE BRAIN 青春期的故事

有一个极其优秀的高中生是摔跤手，他在参加摔跤夏令营时遭受了平生的第二次脑震荡。一开学他就到我这儿来看病，说他一直头痛，注意力和记忆力也出了问题。他春季 SAT 模考的成绩非常高，本打算在秋季参加 SAT 考试。第二次脑震荡让他短暂失去了意识。被送入当地医院急诊室后，他接受了 CT 扫描，但医生没有发现可见的损伤，只让他回家休息几星期。可他睡不好，经常头痛、恶心，而且心烦意乱。回到学校的第一天，他便意识到情况不妙。这个曾经的优等生竟然无法集中注意力做作业，连简单的问题都回答不了。他情绪不稳定，极其烦躁。这让他的母亲很抓狂。我让这个孩子接受了一系列检查。虽然他的神经生理检查结果完全正常，但在一些短时记忆和注意力测试中表现不佳。我必须确定，他没有像霍利那样患上癫痫症。往往在创伤发生数月之后，伤者或家人才会注意到不断复发的癫痫。让人欣慰的是，他的脑电图完全正常。和其他脑震荡患者一样，他有偏头痛，头痛严重时，他的视觉会产生闪光的幻觉。由于他每天都会偏头痛发作，所以我让他服用了预防偏头痛的药物。结果，他头痛发作的频率和强度在几周内有所减小。

与此同时，对于自己的成绩和头痛，男孩越来越感到焦虑。与其他问题相比，焦虑已经成了他的头号敌人。他不和亲友交流，情绪一直不稳定。他的 SAT 实考成绩果然不理想，这证明他的认知能力的确受到了脑震荡的负面影响，这也进一步加剧了

> 他的焦虑，让他成为众人的关注对象。专家让他接受了神经心理测试，结果显示，他存在学习缺陷和注意力问题。对这个十来岁的年轻人来说，这些全新的问题将困扰他很久。

这个案例让我们看到，遭受多次脑震荡的青少年会出现心理问题，学习成绩也会下降。这样的案例还有很多。人们对脑震荡还存在一些误解，我也要予以澄清。首先，脑震荡对不同个体的影响有所不同，有些人的基因会让他们更容易受其影响。此外，引发脑震荡的不只是身体密切接触的运动，没有身体接触的运动、跌倒甚至猛推都有可能引发脑震荡。医学界现在已经认识到，脑震荡的发生未必伴有意识丧失的症状。

十多年前，美国医学会（American Medical Association）发现，在运动中遭受脑震荡的人会在若干有关认知机能的测试中成绩不佳。而对于脑震荡对未成年人造成的可怕脑损伤，科学家只是在近期才意识到的[1]。高中生参与的体育运动有足球、长曲棍球、篮球、棒球、垒球和体操。虽然男生参与这些运动的比例略高于女生，但女生遭受脑震荡的比例却比男生高出70%，特别是在足球运动中，女生的脑震荡发病率是男生的 3 倍之多。一项研究对 400 多名高中运动教练进行了调查，研究者发现，女生的恢复时间远比男生长。遭受脑震荡后，女生在视觉记忆测试中的表现比男生患者更糟，她们接受心理测试时的反应速度也比男生患者变慢更多。

脑震荡是什么

为了理解青少年，特别是女孩为何特别容易受到此类伤害，我们必须搞清楚脑震荡到底是什么。这不是一件容易的事，因为脑震荡是一种闭合性颅脑损伤。换言之，我们很难发现患者的头部或颅骨有明显的受伤痕迹。颅腔内充满了脑脊液，脑这个软软的组织就漂浮在脑脊液中。这样，即便头部受到较小冲击，在脑脊液的缓冲作用下，脑也不会撞向颅腔壁。但是当脑震荡发生时，头部向前或向后剧烈晃动，脑脊液的缓冲作用不足以抵消外部冲击。脑一旦撞上颅腔壁，神经元就会受到损伤。如果头部来回剧烈晃动，脑在颅腔内反复撞击颅腔壁，会造成对冲伤脑震荡。

我们可以用 G 力来测量运动过程中冲撞力量的大小[2]。在不同物体的作用和反作用过程中，如果物体或人体因为受到撞击而产生加速运动，那么作为加速度的一种测量单位，G 力就与该物体受力后产生的反作用力大小成正比。比如，打喷嚏会对身体，主要是头部产生 3 个不到的 G 力；拍击背部能产生 4 个多 G 力；一屁股重重坐在椅子上能产生 10 个 G 力。如果后车以每小时 16 公里的速度追尾前车，那么前车将受到 10~20 个 G 力。如果在追尾过程中，前车受到的 G 力达到 20~30，那么这将是一次非常严重的交通事故。在美国橄榄球联盟的比赛中，运动员之间的撞击可以产生 30~60 个 G 力。如果头部以每小时 32 公里的速度撞击墙壁，这一冲击将产生 90~100 个 G 力，足以造成脑震荡[3]。

橄榄球运动员之间的冲撞通常会产生 100 个以上的 G 力，就算产生 150 个 G 力也不是什么稀罕事。普渡大学（Purdue University）的研究者对一个高中橄榄球运动员进行了评估，他们认为该运动员头部所受冲击导致了 289 个 G 力，相当于航天飞机发射过程中平均加速度的 10 倍。但该运动员并没有表现出明显的脑震荡症状，他自己也没觉得有什么异常。所以，这就是大问题。过去几年里，科学家们慢慢意识到，不足以造成脑震荡的头部冲击也会造成脑损伤[4]。如果头部不断受到中等强度的冲击，脑损伤就会发生。换言之，虽然成千上万的孩子在参加冲撞剧烈的运动时，从未因为脑震荡而离场，但他们仍有可能遭受脑损伤。而且这些脑损伤无法被识别和诊断，并有可能在孩子今后的人生中造成认知缺陷。普渡大学的科学家之所以能够发现这个头部受到剧烈撞击的男孩纯属巧合，因为他自愿参加此项研究。

埃里克·瑙曼（Eric Nauman）是生物医学工程专业的一位教授。几年前，他和一些同事对高中橄榄球运动员的脑震荡病例进行了研究。为了准确辨析脑震荡造成的脑内变化，他们必须为遭受过脑震荡的橄榄球运动员寻找可以进行比较的对照组，也就是没有被诊断为脑震荡患者的高中橄榄球运动员。所以，在赛季刚开始的时候，瑙曼在当地高中招募了一些控制组运动员，并逐一对其进行脑扫描。比较的结果让瑙曼和同事们惊诧不已。虽然控制组运动员从未被诊断为脑震荡患者，但他们的脑扫描图像和脑震荡运动员的脑扫描图像非常相似，这说明控制组运动员的脑组织也发生了持久性变化。起初，瑙曼怀疑是学校的脑扫描仪出了问题。但他很快意识到：每年有 100 多万高中生参加橄榄球比赛，其中 6 万多人会被诊断为脑震荡患者。但真实的患者人数至少是这个数字的两倍。许多孩子出现了脑震荡的症状，但他们要么没有当回事，要么因为害怕失去比赛机会而没有向教练说出实情。一些专家相信，高中橄榄球赛场上每年发生的脑震荡病例有 25 万起之多。此外，遭受脑损伤后没有出现脑震荡症状的高中橄榄球运动员还有数万人。如果把他们也算上的话，橄榄球运动给孩子们带来的脑损伤风险十分巨大。

虽然此类脑损伤不容易被察觉，因为损伤在大脑结构层面上并不显著，而是发生在分子层面，但其严重程度足以干扰正常的大脑机能，并造成生理和认知症状，其中一些即刻显现，还有一些则会延迟数日、数周，乃至数月才出现。大脑在颅内剧烈震动后，大量钙离子和钾离子蜂拥而至，这会造成两个结果：首先，这些过量的化学物质会破坏和摧毁脑细胞；其次，为了将这些化学物质排出，大脑需要动用大量能源物质，也就是葡萄糖。正常脑血流会将葡萄糖输送到需要能量的地方，但脑震荡发生后，葡萄糖的输送会受到限制。因为钙离子洪流让血管收缩，并干扰了葡萄糖的分解过程，使能量无法释放。当大量钙离子和钾离子使颅压升高后，血管会进一步收缩。不仅是神经元受到影响，白质也遭受打击。白质组成的神经束会受到冲击力的拉伸作用，甚至有可能被拉断。使用创伤性脑损伤（traumatic brain injury，简称 TBI）模型的大鼠、小鼠实验研究显示，幼鼠的未成熟脑组织很容易受到伤害，即便是轻度损伤也会导致突触损失。此外，NMDA 谷氨酸盐受体也会减少，而长时程增强和记忆过程都离不开这种受体。这会导致学习障碍。

脑震荡会造成一系列生理反应：眩晕、头痛、视觉模糊、对声光敏感、身体失去平衡、疲劳倦怠、睡眠时间过长或过短。脑震荡造成的认知症状包括健忘、思维迟钝、无法集中注意力，以及无法记住新信息。脑震荡还会导致情绪变化，让人变得悲伤、易怒、紧张或焦虑。如果症状持续数周、数月，甚至数年，那么患者会被诊断患有脑震荡后综合征。

如果一个遭受脑震荡的运动员在症状尚未消除时又遭受了一次脑震荡，那么他出现脑震荡后综合征以及遭受严重脑损伤的风险会大幅增加。因为大量钙离子和钾离子涌入而缺少能量的脑细胞有可能遭受进一步损伤。这叫作二次冲击综合征。

THE TEENAGE BRAIN
青春期的故事

几年前，《纽约时报》讲述了俄亥俄州一个高中女生的故事[5]。萨拉·英格尔斯（Sarah Ingles）是篮球队的一员，在一场比赛中，她遭受了脑震荡。两小时后，在和队友坐大巴回学校的路上，她突然不知道自己身在何处，甚至不记得刚刚打完比赛。这是她遭受的第二次脑震荡，她因此而休学 6 周。高中毕业后，英格尔斯进入俄亥俄卫斯理大学（Ohio Wesleyan University）学习，并一直参加曲棍球比赛，直至遭受第 7 次脑震荡（其间的 5 次脑震荡并不都是因为运动造成的。有一次，她的头磕在了床架上）。在为美国中西部地区的北部沿岸运动会拍摄的视频中，身为学生的英格尔斯说，教练和医生让她不要

易复原。2012 年，加拿大研究者证实了他们的想法[7]。这项研究的对象是 96 位青少年运动员，他们参与英式橄榄球、曲棍球或美式橄榄球运动，年龄介于 13~16 岁之间，而且在过去 6 个月里遭受过脑震荡。科学家用标准的神经心理测试评估这些青少年的工作记忆。工作记忆就是短时记忆，它对于前额叶皮层功能的顺利运行非常重要，如阅读、记忆电话号码或进行简单心算。研究者还邀请一些同龄的青少年组成控制组，他们在过去 6 个月里没有遭受过脑震荡。科学家也让他们接受短时记忆测试，结果其成绩明显优于遭受过脑震荡的实验组青少年。

纽约大学的放射医学研究者还发现，因为遭受轻度创伤性脑损伤而出现脑震荡后综合征的患者会出现下列症状：情绪波动、睡眠障碍、强迫行为、焦虑、冲动控制障碍[8]。其他研究还发现，在受伤后的一年时间里，有 15%~20% 的脑震荡患者会抑郁。这一发病率高于普通人的抑郁症平均发病率。

虽然我们不知道具体原因，但在遭受轻度创伤性脑损伤后，青少年需要更长时间才能恢复，年龄越小，恢复的时间越长。一般来说，成人需要 3~5 天时间才能在认知测试中恢复到正常水平，大学运动员需要 5~7 天，而高中运动员则需要 10 天至两周时间。在一项调查中，在平均年龄为 16 岁的高中运动员中，有一半以上需要一周多的时间恢复，10% 需要 3 周以上的时间才能恢复。在更为精细的脑成像测试中，脑震荡症状已经消失的年轻运动员依旧出现了大脑异常状况。一项研究对 20 岁上下的运动员进行了研究，他们均遭受过多次脑震荡。结果，在遭受最后一次脑震荡 3 年后，他们的大脑内依然存在异常状况。

今天，负责监管大学运动的美国全国大学体育协会（NCAA）对于如何处置比赛中发生的脑震荡事件提出了指导意见。比如，学校应当禁止遭受脑震荡的运动员在接受专业医疗评估之前重返赛场。但许多人，包括曾经的大学生运动员都认为，全国大学体育协会做得还不够。2011 年，4 位退役大学生运动员对该机构发起集体诉讼，控告其没有实施恰当的脑震荡筛查，没有坚决执行禁止受伤运动员重返赛场的规定以及其他安全措施（此案还在审理过程中）。

最近，美国全国儿童医院行为健康服务部进行的一项研究发现，与经受骨科创伤的儿童和青少年相比，经受轻度创伤性脑损伤的儿童和青少年，其认知和生理症状不断加重的可能性更大。而这些症状会让个人的身心遭受痛苦。

遭受严重脑损伤的青少年或许会在恢复过程中碰到被神经学家称为神经认知发育停滞的状况。这些孩子受伤一年后，其认知、社交和运动机能的发育会减慢。当发育几近停滞时，发育道路上那些尚未到达的里程碑将变得难以企及，对年轻患者来说尤其如此。

虽然发生的概率比较小，但脑震荡患者还是有可能患上癫痫症，就像本章开始提到的那个名叫霍利的女孩一样。虽然这个女孩的情况比较特殊，因为她参加了男子橄榄球比赛，但在美国的新发癫痫症病例中，创伤后继发癫痫是最主要的病因。具体的发病机理科学家还没搞清楚。很多年来，科学家认为，此类癫痫发作只是因为神经元受到了过度刺激。但近期的研究发现，在神经元受到过度刺激之前，为了修复脑损伤而涌入大脑内的大量神经化学物质已经对神经元构成了伤害。研究者说，这些化学物质就是导致神经过度兴奋，进而产生神经损伤的罪魁祸首。

除了认知损伤，脑震荡还会造成生理伤害，特别是对垂体这个位于下丘脑底部的水滴形腺体。垂体位于鼻梁后，因此程度更轻的冲击也能对其造成伤害。垂体被称为腺体之王，因为它负责调控新陈代谢、生长速度、能量水平，一些研究认为，近 40% 的青少年运动员脑震荡患者还会患上与运动相关的创伤后垂体机能减退，该疾病的症状有：

- 肌肉组织萎缩
- 身体虚弱
- 运动机能减退
- 疲劳
- 易怒
- 抑郁
- 记忆力减退
- 性欲减退

虽然研究人员还在试图寻找青少年脑震荡后恢复时间较长的具体原因，但青少年的大脑尚在发育过程中可能是一个主要原因。当青少年的大脑遭受损伤时，伤害不是静止的，大脑发育还在进行中意味着脑震荡破坏的不只是某个区域的灰质，还有这片灰质正常发育的可能。受伤的不只是青少年的脑组织，而是他们的未来。

许多有关青少年遭受脑震荡的故事让我震惊不已，但最让人心疼的是那些遭受多次脑震荡，并因此而对未来忧心忡忡的孩子们。我们先前提到的萨拉·英格尔斯在接受采访时说：“运动是我的最爱。”她第一次遭受脑震荡是在参加高中曲棍球比赛时，她的头猛烈撞击地面，令她甚至记不起自己的名字。第二次撞击发生在数月后的篮球赛场上。虽然觉得这次撞击并不厉害，但她还是在回家路上搞不清自己身在何方。从高中到大学，英格尔斯一共遭受了 7 次脑震荡，但早在最后一次脑震荡发生之前，她已经常头痛、恶心，而最糟糕的是，她的思维有些混乱。医生告诫英格尔斯不能再参加激烈冲撞的运动，她接受了建议，开始打高尔夫：“如果又被球击中，我就会进医院……受影响的将不只是我的运动，还有我的生活……头部损伤可不是闹着玩的，因为受伤的可能是里面的脑子。”

THE TEENAGE BRAIN

13 罪与罚

我们应该凭大脑发育水平决定刑责年龄吗

轰动全美的格雷厄姆案

特伦斯·格雷厄姆（Terrance Graham）在佛罗里达州长大，是个很有运动天赋的聪明男孩。但这个孩子的成长环境很恶劣，他的父母吸食可卡因成瘾。上小学的时候，格雷厄姆被诊断患有注意力缺陷多动障碍。他9岁便开始抽烟喝酒，13岁开始抽大麻。2003年7月，16岁的格雷厄姆伙同3个朋友打劫一家烧烤餐厅。他们中的一个在这家餐厅打工，餐厅打烊后，这个男孩为其他同伙留了后门。格雷厄姆和另一个同伙溜进店里，却撞见了餐厅经理，于是一个男孩用铁管击打经理，打得他头破血流。受伤的经理不停高喊救命。见状不妙，店里的这3个劫匪夺路而逃，一头钻进在外接应的车里，迅速逃窜。他们一分钱也没抢到，受伤的餐厅经理头上缝了好多针。几天之内，警方就将这4名犯罪嫌疑人全部抓获。检方决定将这些未满18周岁的青少年告上成人法庭。没有前科的格雷厄姆将面对两项重罪指控。如果其中最严重的一项一级重罪指控成立，格雷厄姆将被判终身监禁，且不得假释。

格雷厄姆接受了检方提出的认罪协议，承认自己参与抢劫。他被判在县监狱服刑一年，刑期包括案件审理时他被羁押的这半年。2004年6月，格雷厄姆被判缓刑，他对法官说自己会洗心革面，重新做人，他说：“这是我第一次，也是最后一次惹麻烦了。”但他的承诺只保持了6个月。2004年12月，17岁的格雷厄姆和另外两个二十出头的青年闯入一户人家，用手枪威逼受害人，实施抢劫。当晚，他们准备再干一次，但在作案时，他们中的一个中了枪。格雷厄姆开着父亲的车，把中枪的朋友送到医院，随后便开车一路狂飙。但车很快撞上了电话亭。格雷厄姆试图逃走，但最终还是被抓。那天是2004年12月13日，距离格雷厄姆的18岁生日只有34天。审判只进行了一天，格雷厄姆违反缓刑规定的证据确凿无疑。根据佛罗里达州法律，他将面临从5年有期徒刑至终身监禁的严厉判决。佛罗里达州惩教部（Department of Corrections）建议刑期为4年，检方则建议30年。宣读判决时，杜瓦尔县巡回法官兰斯·戴（Lance M. Day）对格雷厄姆说：“我不明白你为什么要自暴自弃……我只知道你决意要过这样的生活，我们无能为力……我仔细考虑了相

> 关法律，本庭无法再像判决青少年那样对你从轻发落……鉴于你的罪行不断升级，本庭认为你已决意在犯罪道路上一直走下去，我现在所能做的就是对你进行审判，并确保社会免受你的伤害。”

实际上，2004年，美国最高法院对青少年应该负多少法律责任这个问题进行过辩论。争论的焦点是，青少年是否像智力发育迟滞的成人那样，无法完全自主判断是非（见图13-1）。

青少年的行为能力和智力发育迟滞者相似？

“由于推理、判断以及冲动控制等方面存在缺陷，智障人士哪怕是犯下了极其严重的罪行，也不像其他正常成年重罪犯那样十恶不赦。”
——约翰·保罗·史蒂文斯（John Paul Stevens）法官，2002年

“青少年在某些方面和智障人士很像，特别是在认知缺陷这方面。青少年的确生龙活虎，但这并不代表他们能够做出明智的决定。”
——法学教授史蒂文·德利辛（Steven Drizin），摘自fairsentencingofyouth.org

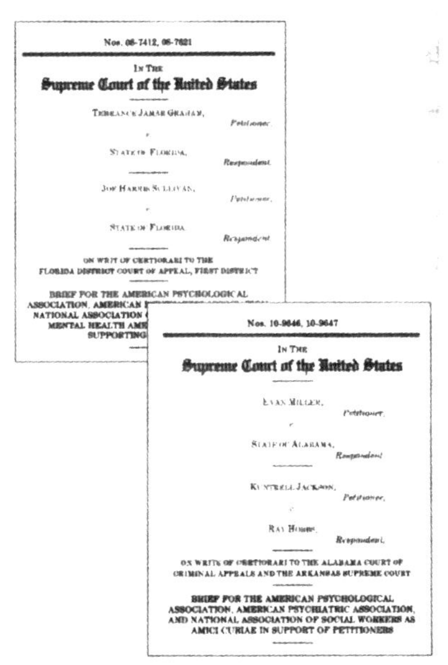

Nos. 08-7412, 08-7621

IN THE
Supreme Court of the United States

TERRANCE JAMAR GRAHAM,
Petitioner,
v.
STATE OF FLORIDA,
Respondent.

JOE HARRIS SULLIVAN,
Petitioner,
v.
STATE OF FLORIDA,
Respondent.

ON WRIT OF CERTIORARI TO THE
FLORIDA DISTRICT COURT OF APPEAL, FIRST DISTRICT

BRIEF FOR THE AMERICAN PSYCHOLOGICAL
ASSOCIATION, AMERICAN [illegible]
NATIONAL ASSOCIATION [illegible]
MENTAL HEALTH AME[illegible]
SUPPORTING [illegible]

Nos. 10-9646, 10-9647

IN THE
Supreme Court of the United States

EVAN MILLER,
Petitioner,
v.
STATE OF ALABAMA,
Respondent.

KUNTRELL JACKSON,
Petitioner,
v.
RAY HOBBS,
Respondent.

ON WRIT OF CERTIORARI TO THE ALABAMA COURT OF
CRIMINAL APPEALS AND THE ARKANSAS SUPREME COURT

BRIEF FOR THE AMERICAN PSYCHOLOGICAL
ASSOCIATION, AMERICAN PSYCHIATRIC ASSOCIATION,
AND NATIONAL ASSOCIATION OF SOCIAL WORKERS AS
AMICI CURIAE IN SUPPORT OF PETITIONERS

图 13-1　青少年到底应该为自己的罪行负多少法律责任？

对于犯下死罪的青少年是否应该受到如此严厉的惩处，以及他们是否还有洗心革面的可能，各方意见相差很大。右侧为相关案件被告人递交给美国最高法院的判决复核申请书，参与非当事人意见陈述并支持请愿的机构包括美国心理协会、美国精神病学会、美国全国社会工作者协会（National Association of Social Workers）等。

资料来源：Justice John Paul Stevens, United States Supreme Court; Steve Drizin, Northwestern University in Chicago; www.fairsentencingofyouth.org.

个头有胡桃那么大，从丘脑下方突出出来，压迫到了下丘脑和杏仁核。至于惠特曼难以抑制的冲动以及后续的暴力行为是不是肿瘤导致的，我们无法确知。但这个肿瘤肯定会干扰其额叶和边缘系统之间神经活动的平衡。边缘系统过于活跃会让人狂暴，如果肿瘤的存在使额叶无法抑制这些冲动，那么惠特曼就有可能无法控制自己的冲动，做出骇人听闻的事来。这是大脑内各区域连接状况影响个体行为的一个极端案例。我们现在已经知道，青少年的额叶尚不成熟，但要想让少年法庭在审案过程中考虑神经科学方面的因素，还有很多路要走。不过罗珀诉西蒙斯案倒是在这方面起到了推动作用。

克里斯托弗·西蒙斯（Christopher Simmons）在密苏里州的杰斐逊县长大，他的继父一直对他进行身体和精神虐待。当西蒙斯只有 4 岁大的时候，继父就带他去酒吧，让他喝酒以取悦其他酒客。一次，继父狠狠打他的头，把他的鼓膜都打破了。进入青春期后，西蒙斯经常酗酒、抽大麻，还偶尔吸食烈性毒品。为了逃避继父的虐待，他住在邻居的拖车里。这个邻居是一个 28 岁的青年男子，他让西蒙斯吸食更多毒品，并怂恿他偷窃分赃。

1993 年 9 月 9 日，17 岁的西蒙斯和另一个年轻人犯下了可怖的罪行。他们随机闯入一户人家，把 46 岁的女主人雪莉·克鲁克（Shirley Crook）绑起来，塞住她的嘴，然后将她家中的钱财洗劫一空。他们带着雪莉，开车来到一个州立公园，然后将她扔进了梅勒梅克河，雪莉不幸溺亡。被捕后，西蒙斯对自己的罪行供认不讳。法庭判决，西蒙斯犯有一级谋杀罪，处以死刑。被告辩护律师提出质疑，认为该判决违宪，并将该案逐级上诉至美国最高法院。2005 年 3 月 1 日，最高法院裁决认为，判处未成年人死刑违反了美国宪法第八和第十四修正案，“而且也与成熟社会所应体现出的宽容格格不入”。法官安东尼·肯尼迪（Anthony Kennedy）在主要意见书中写道：

如果一个青少年犯下了重罪，国家可以剥夺其大部分基本自由权，但却不能剥夺其生命，及其反省和悔改的可能。

这个历史性决策做出 14 个月后，佛罗里达州的特伦斯·格雷厄姆因为入室武装抢劫而被判处终身监禁，且不得假释。两年后，为格雷厄姆辩护的律所打电话给我，希望我作为受邀的唯一神经学专家参加该案的非当事人意见陈述。我觉得自己肩负的责任很大，大量科学证据已经证明，青少年在控制冲动、评估风险、承受同辈压力以及理解行为后果方面存在局限，我将不遗余力地在法庭上陈述相关知识。在特定情境下，成人和青少年在做出某些行为或反应时会动用不同脑区，说明白这一点也是很重要的。

美国西北大学的著名法学家史蒂文·德利辛（Steven Drizin）甚至说：“青少年在某些方面和智障人士很像，特别是在认知缺陷这方面。青少年的确生龙活虎，但这并不代表他们能够做出明智的决定。”

犯错容易，改过不易

我们现在知道，在面对威胁、身陷危险情境时，青少年会动用自己的丘脑和右侧杏仁核，所以他们比较容易情绪化和冲动。而在相同情况下，成人主要动用自己的额叶，因此他们比较容易理性评估威胁。可能诱发青少年暴力行为的风险因素包括观看他人的暴力行为，或成为暴力行为的受害者。在冒险或犯罪时，青少年极易受到同龄人的影响（有一半青少年杀人案是多人作案）。由于额叶尚未发育成熟（见图 13-2），青少年无法充分理解自己决策的后果，所以可能不知道如何正确行使米兰达权利，也就是犯罪嫌疑人保持沉默的权利，不懂得如何获得充分辩护，也不完全明白和控方达成认罪协议意味着什么。此外，青少年，特别是 12~17 岁之间的青少年特别容易在警方的威逼利诱下做出虚假供述。

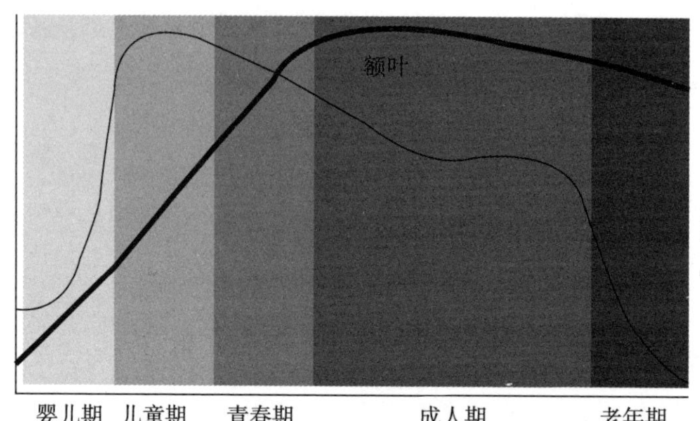

图 13-2 大脑发育和青少年重要发展阶段概述

突触学习在婴幼儿期发展迅猛，在青春期达到高峰，随后逐渐下降，并在成人期稳定下来。不过，神经的髓鞘覆盖过程以及大脑各个区域之间的连接性要到成人期（近 30 岁）才达到巅峰，并稳定在该水平，直至老年。学习能力和学习速度在青春期达到峰值，并在成人期晚期伴随着突触机能的下降而下降。当然，青少年的额叶和其他脑结构之间的连接并未发育完全，该连接在大脑内最晚建立。青春期是个人挖掘潜能、弥补不足的最佳时期。

资料来源：Courtesy of the author.

2004 年，研究者对 133 份虚假供述进行了分析，结果发现，16% 的供述由 16~17 岁这个年龄段的青少年做出，该年龄组的虚假供述发生率为各组之冠。瓦莱丽·雷纳（Valerie Reyna）是康奈尔大学人类发展系的教师和研究者。在 2006 年发表的一篇论文中，她总结了青少年容易走上歧路的原因：

> 在下列情况下，青少年可能比成人做出更不理智的决定：头脑发热；同辈施加巨大压力；处于陌生环境中；即刻的巨大满足可能引发长期的负面后果；回报需要长时间耐心等待。

为格雷厄姆案而成立的陈述小组完成了长达36页的报告，我们在报告中写道：

> 法庭对少年犯做出终身监禁且不得假释的判决是为了惩戒有罪之人、震慑明理之人，以及消除屡教不改者继续危害社会的可能。但越来越多的确凿科学证据一致显示，该处罚很难起到上述效果，其设计并不合理。

谢天谢地，2010年5月17日，美国最高法院采纳了我们的意见，做出了裁决[3]。法官安东尼·肯尼迪在主要意见书中写道："判处罪犯终身监禁且不得假释的刑事制裁旨在实现惩戒、威慑、消除危险以及改造等目的。但这些目的均难以通过该制裁实现。虽然该惩罚拥有一定的刑法依据，但在量刑时，法庭必须优先考虑其实际效果。对没有剥夺他人生命的少年犯而言，他们的道德责任感本来就很薄弱，该惩罚无法对其起到足够的震慑作用，因此该处罚的使用缺乏合理依据。"

首席法官罗伯茨（Roberts）赞同该意见，他对我们陈述的相关科学依据没什么意见，不过觉得法庭应该审慎解读这些科学结论的意义。"也许科学和社会应该对年轻杀手更加宽容，"罗伯茨写道，"应该给他们更多改过自新的机会，并承担他们可能继续作恶的风险。但这不该由我们来决定。"

不过，最高法院对于格雷厄姆案的裁决并没有让所有青少年免于刑法体系的过度惩罚，还有一个问题尚待解决：杀了人的少年犯该不该被判处终身监禁且不得假释。格雷厄姆案结案后未满一年，另一个案件兜兜转转，最终来到了最高法院面前。高伟绅律师事务所又将我们这些为格雷厄姆作非当事人意见陈述的专家聚集起来，让我们对证据进行检验，并研究如何让最高法院的法官在裁决时考虑神经科学的相关研究结果。2011年年中，律所向我们发出了"征召令"，希望我们能够从社会学和生物学的角度来支持辩护律师的观点：即便犯了杀人罪，18岁以下的青少年也不应该承担和成人相等的刑事责任。当时的联邦法律认为，青少年杀人犯和成年杀人犯一样，可以被判处终身监禁且不得假释。我们的任务是，指出至少在某些案件中，未成年被告人或许是因为先天因素（如尚未发育成熟的额叶无法控制个人的冲动）或后天因素（如糟糕的教育和成长环境）而杀了人。换言之，青少年的大脑发育尚未完成，难以像成人那样做出成熟的决定，而且他们比成人更容易受外界因素的影响。但也正是由于青少年的头脑尚在发育，这种神经可塑性更有利于他们的改过自新。我们在陈述报告中写道："从青春期步入成年期后，年轻人将变得不再那么冲动、鲁莽，他们的反社会行为一般也会随之减少。青少年往往是因为爱冒险，而非因为深层的道德缺陷、品行不端而犯罪的。"

需要最高法院裁决的有两个案件，涉案青少年犯案时都只有 14 岁，他们因为杀人而被判处终身监禁且不得假释。其中一个案件是杰克逊诉霍布斯案，1999 年，来自堪萨斯州的肯特雷尔·杰克逊（Kuntrell Jackson）和两个年纪稍大的同伙试图抢劫一家音像店。同伙中的一人枪杀了一位店员。第二个案件是米勒诉亚拉巴马州案，埃文·米勒（Evan Miller）和一个同伙用棒球棍殴打一个 52 岁的邻居，并点着了此人的拖车。结果，该男子因为遭受重击和吸入毒烟窒息而死。

2012 年 6 月 25 日下午 3 点 22 分，我收到了高伟绅律师事务所发来的感谢信：

> 最高法院今天下午做出裁决，对犯案时未满 18 周岁的青少年杀人犯做出终身监禁且不得假释的判决违宪。有 29 个州的法律规定，在做出此类判决时对案犯的年龄不予考虑，最高法院废除了这些州的相关法律……衷心祝贺各位！你们的意见被采纳了！

所有要求青少年杀人犯在牢狱中度过一生的法律都被废止了。最高法院的这一裁决意味着法庭将对肯特雷尔·杰克逊和埃文·米勒重新进行量刑听审。该裁决在最高法院以 5 票对 4 票的微弱优势通过。法官埃琳娜·卡根（Elena Kagan）说，判处青少年杀人犯终身监禁且不得假释说明法庭无法区分 14 岁和 17 岁的青少年，“无法区分主犯和从犯，无法区分家庭环境良好的孩子和成长环境恶劣或受到虐待的孩子”。卡根提到了帮助她做出决定的神经学证据：

> 判处少年犯终身监禁且不得假释的做法没有考虑到他们的实际年龄，以及青少年的标志性特征，那就是不成熟、鲁莽、缺乏准确评估风险和行为后果的能力。

虽然最高法院做出了裁决，但投票的法官分成了两派。反对者指出，将神经科学应用于审判十分复杂。其实，这些大法官并不是无保留地赞成废止对青少年做出终身监禁且不得假释的判决，而是像卡根法官在主要意见书中所写的那样：“我们在罗珀案、格雷厄姆案以及本案的裁决中已经阐明，青少年尚无完全能力承担和成人相等的刑责，而且他们改过的能力较强。鉴于此，我们认为，适用最严厉刑罚的少年犯案件不太可能出现。”最高法院裁决，法官和陪审团在对少年犯实施最严厉的惩罚前，应该充分考虑各种可以减轻刑罚的因素，其中包括罪犯作案时的年龄。

最高法院所做的每个新裁决都不断确认，青少年和成人在宪法层面上是不同的，因此法庭在量刑时，必须采用不同标准。至于最高法院的裁决对已结案的案件是否有追溯效力，各州可以自行决定。目前，密歇根州、艾奥瓦州和密西西比州认为最高法院的裁决有追溯力。

虽然法庭在判决少年犯时已经考虑到他们的头脑尚未发育完全，但是对于应该如何处置患有精神疾病的少年犯，社会尚未找到答案。（其实，我们连如何处置患有精神疾病的成年罪犯都没有想清楚。）该问题的一大难点是如何区分不成熟的头脑和患病的头脑，正如我们在第 9 章所看到的那样，这是个棘手的问题。毫无疑问，我们经常在媒体上看到青少年犯下骇人听闻的罪行，如造成大量人员伤亡的枪击事件。但对于恶性暴力事件的全方位报道模糊了一个事实，那就是从 1995 年至 2011 年，青少年暴力犯罪率实际上下降了一半，而从 1985 年到 1994 年，这一数字不断攀升。美国精神病学会和法律认为，诱发青少年暴力犯罪的因素包括：武器和毒品的易得性、贫穷、家长教育责任的缺失、家庭冲突，以及充斥影视作品和网络的暴力内容。虽然大多数少年犯并没有精神和心理问题，但少年犯精神疾病的发病率高于普通人群。更让人担心的是，患有精神疾病的青少年中只有 25% 得到了治疗。

核心问题是：虽然神经科学取得了许多进步，但我们所知的远远比不上未知的。仅仅根据已知的知识做出判断，哪怕是做出科学判断，都是鲁莽甚至危险的。能够证明特定神经活动和个人现实生活中的各种活动，特别是犯罪行为之间存在因果关系的客观证据更是难以找到。脑扫描技术看似非常科学，但扫描图像必须经过解读，所以这项技术并不像看起来的那样客观。研究脑扫描图像，特别是功能性磁共振成像图像的科学家必须考虑下列因素：所使用的技术类别、图像的清晰度、抽样方法，特别要注意不应做出特定脑区和特定认知机能存在一一对应关系的结论。这种对应关系根本不存在。任何一个脑区都涉及多种认知过程——实际上，我们的每个决定、每种感觉也都是如此。几年前，杰伊·吉德和同事发表了一篇有关青少年大脑发育的重要论文。他在论文中写道：“至于哪些因素会影响人类行为这个问题，我们很难将大脑的作用同其他生理系统以及环境因素的作用区分开，这让来自实验室的研究成果更难被应用于真实世界。无论是青少年还是成年人，其行为都是多种影响因素交互作用的结果，这些因素包括个人经历、父母对子女的教养、社会经济状况、个人能动性、自我效能、营养水平、文化、心理健康、物理环境、社会关系和人际交往。”[4] 吉德是美国国家精神卫生研究院儿童精神病学分部脑成像部门的负责人。虽然他已经列出了许多影响青少年行为的因素，但这张清单仍不完整，因为我们还在不断对人脑进行探索。科学研究成果难以被外推至现实世界的原因还在于，科学家在不断推迟个体大脑发育完成的年龄。换言之，一个人的大脑发育是否成熟，不存在泾渭分明的年龄分界线。大脑发育过程将一直持续到 20 多岁。作为科学家和医生，我希望每个问题都有对应的答案，希望不同的事物和发展阶段存在清晰的边界，但我知道事实并非如此。真希望只要孩子们安然度过躁动不安的青春期，他们的前路就会变得平坦宽阔，但事情没这么简单。而我们的地方政府却在不断花钱建造更多的监狱，而不是用这些钱为面临风险的青少年提供更多的咨询和矫正服务。

THE TEENAGE BRAIN

14 二十出头

革命尚未成功，青春仍需努力

大多数大学毕业生尚未定型。对于这一点，我深有体会：来我实验室工作的年轻人往往还没想好到底是去研究生院深造，还是去医学院，抑或是干脆去公司找一份全职工作。这些孩子十分聪明，成绩优秀，在这里担任实验室助理。他们的职责包括：帮助其他医生和科学家进行实验、清理实验室、维护设备、跟踪项目进程、安排会议等。他们在这里虽然需要学习许多专业知识，但更重要的是，他们要学会如何与各种不同的人打交道，如何根据优先顺序来安排各种工作，还要学会有担当。工作两年后，这些年轻人真的长大了。责任心和专业沟通技能可能是这段经历赋予他们的最宝贵财富。我儿子安德鲁也走过了一段相似的历程。获得物理学硕士学位以后，他换了专业，在纽约一个和我的专业类似的实验室工作。他变得更敬业了，组织能力和协调多项工作的能力也增强了，和我实验室里的孩子一样，他也因为出色完成真正的工作而自信心爆棚。这对他未来的事业发展十分有益。

我这边的孩子在离开实验室时，他们所获得的成长会充分表现出来，特别是当他们接受研究生院、医学院或公司面试的时候。我很乐意为他们写推荐信。来这里的孩子，几乎每个人都在短短一两年时间里发生了或多或少的转变，这让我感到十分惊奇。有时候，某个孩子的父母会在路过实验室时顺路看望孩子，我便会不遗余力地当着他们的面夸赞其子女，说得那些孩子都觉得有点不好意思了。

高中毕业生要不要先接触社会

有一点很重要，大家需要记住，那就是二十出头的年轻人学习能力依然很强。他们的头脑具有很高的可塑性，随着大脑内各部分之间的连接状况不断改善，他们的多任务并行处理能力也会提高。许多年轻人觉得自己的学习能力比高中时更强。额叶和其他大脑结构的充分连接使他们具备了更优秀的组织能力、抽象思维能力、判断力、洞察力和大局观。

许多高中毕业生在进入大学前会腾出一年时间接触社会，这对青少年的发展来说是非常有意义的。不少国家的法律规定，青少年必须在进入大学前经历一年的“间隔年”。一些欧洲国家甚至为高中毕业生规定了“服务年”。在以色列，男孩和女孩都要在高中毕业后参军。男孩要在部队服役 3 年，一些来自犹太正统派群体的女孩虽然可以免除兵役，但她们必须为国家提供其他服务。以色列的孩子们在为国家服务 3 年后可以进入大学学习，但在此之前要腾出 1 年时间去亚洲、南美、印度等地开阔眼界。

美国的青少年现在也有机会在高中毕业后为社区服务，或参加志愿组织，如美国志愿队（AmeriCorps）的城市年计划（City Year）。在大学入学前参加过相关活动的年轻人都觉得这一年的宝贵经历让他们受益匪浅。我儿子威尔也是一样。他高中毕业后独自一人周游世界，边旅行边工作。他首先去南美洲花了6个月时间学习西班牙语，随后在波士顿一家软件公司工作。当威尔准备进入哈佛大学学习时，他在情绪和智力上都变得更加成熟。他不止一次告诉我说，这一年的经历对他的成长十分有益。

独一无二的成年早期

对于成年早期该不该成为一个独立的发展阶段，社会学家、心理学家和科学家们一直争论不休[1]。20世纪中叶，埃里克·埃里克森（Erik Erikson）等学者提出的理论认为，成年期应该被分为几个阶段，从20岁开始，分别以45岁和65岁为分界线。1970年，肯尼思·凯尼斯顿（Kenneth Keniston）发表了一篇名为“青年：人生发展‘新’阶段”的重要论文，只可惜这篇论文当时没有引起各方的足够重视。凯尼斯顿在文中提出，20~30岁，也就是介于青春期和壮年期之间的这段时间应该成为一个独特的发展阶段。凯尼斯顿当时是耶鲁大学的一位心理学家，他认为该发展阶段的标志性特征包括自由、活力、变革和摇摆不定。以下是该阶段的其他一些特征：

- 自我与社会之间的冲突
- 普遍的心理矛盾
- 小心试探
- 隔阂
- 全方位的潜力
- 拒绝社会化
- 年轻人独有的身份认同
- 飘忽不定

- 厌恶平静
- 流动性大
- 看重发展
- 恐惧死亡
- 具有成人视角
- 反叛

凯尼斯顿当年描述的年轻人正是婴儿潮一代，他说："越来越多刚刚度过青春期、进入壮年期的年轻人尚未找到一些关键问题的答案，而这些回答恰恰能说明一个人是否已经成年，上述关键问题包括：如何协调个人与现实社会之间的关系，选择何种职业，扮演什么样的社会角色，选择怎样的生活方式。"凯尼斯顿认为，该发展阶段的突出特点是"个人和社会之间的冲突所造成的普遍矛盾心理"。这个年龄段的显著特点同时给年轻人带来了益处和风险。他们活力四射，喜欢新奇事物，这让他们具有很强的适应性，让他们勇于探索各种可能充分发挥自我潜能的领域，但也会让他们暴露于高风险环境中。生活阅历的缺乏会加剧他们内心的矛盾和恐惧，但家人和社会可以共同发挥作用，让他们觉得安心，为他们指引道路。

事实证明，凯尼斯顿对我们这一代人的描述还是非常贴切的。不过他所提出的有关壮年期的理论从未在学界站住脚，直到心理学家杰弗里·阿内特（Jeffrey Jensen Arnett）于10年前写了一本相关书籍《成人初显期》（*Emerging Adulthood*）。基于凯尼斯顿的理论，阿内特提出了名叫"成人初显期"的独特发展阶段[2]，他认为文化和经济上的变化让二十出头的年轻人具有下列特征：缺乏安全感、希望继续深造、可以找到的工作变少、因为接纳婚前性行为而推迟结婚、因为生育技术的复杂化而推迟怀孕。阿内特说，成人初显期是一个充满探索机遇和不安定因素的阶段。不过时至今日，这也是一个集中体现自我中心的发展阶段。

岁之前出人头地，人生就失败了。”

黄砖（Yellowbrick）是一家私人心理诊所，专攻二十出头的年轻人所遇到的心理问题，心理学家劳拉·汉弗莱（Laura Humphrey）是该诊所的主管，她这样描述该发展阶段的代表性问题：

> 这个年龄段的年轻人所要完成的主要任务就是搞清楚自己是谁，弄明白自己在社会中、在这个世界上所要担负的使命。一方面，他们变得越来越独立；另一方面，他们和家庭依然有着很强的情感联系。在整个成人阶段，没有比在这样的背景下寻找自我更艰难的发展挑战了[5]。

统计数据似乎证实了年轻人内心缺乏安全感这一事实：有三分之一的美国人二十来岁的时候每年都搬家，40% 在大学毕业后搬回过父母家。30 岁之前，美国人平均跳槽 7 次，三分之二的年轻人和情侣长期同居。阿内特声称，在他调查的 20 多岁的年轻人中，60% 觉得自己虽然成年了，却还不怎么成熟。

如果你的子女大学毕业后还不会洗衣服，不会制订预算，不会设置新公寓内的各种设施，那么请不要忘记，虽然他们已经不再是青少年，但是其额叶连接其他大脑结构的白质仍然尚未发育成熟。和青少年一样，二十出头的年轻人还在经历大脑发育，他们有时也会受到该过程的负面影响。白质尚未发育成熟会给他们带来不小的危险[6]。一些常见于青少年和年轻成人的精神疾病在某种程度上是由额叶区域白质异常造成的。世界卫生组织的数据显示，美国年轻成人的医疗费用有将近一半是因为个人患有心理疾病而产生的。在最近的一项研究中，研究者发现，将近一半大学生及其同龄人在过去一年内能够在临床上被诊断为心理疾病患者，其中酗酒的发病率最高。此外，有关心理健康问题的风险因素，科学家对年轻成人组的了解远少于其他年龄组。

如果涉及注意力的白质神经束出现异常，个人就有可能患上注意力缺陷多动障碍，该疾病通常始发于儿童期或青春期，但可能因为没有引起患者及家人的足够重视，以至于一直没有被诊断出来。从生活质量的角度来说，该疾病年轻成人患者受到了极大干扰。研究显示，与健康的同龄人相比，他们获得高中以上教育水平的可能性更小，更难找到全职工作，平均家庭收入也偏低。其他研究发现，他们被捕入狱或离婚的概率是普通同龄人的两倍，吸烟成瘾的可能性比常人高出 78%，失业率高出三倍，感染性传播疾病的概率高出四倍。

二十来岁的年轻人到底有多脆弱？对 20~24 岁这个年龄段的美国年轻人来说，其入狱的比例在过去十年里增长了近一倍。拥有心理问题的年轻人更有可能辍学、意外怀孕、失业、酗酒和吸毒。与此同时，和青少年相比，为年轻成人提供的心理健康服务大幅减少。住院治疗的青少年心理疾病患者数量是年轻成人的两倍多。而从战场归来，遭受了严重身心创伤，急需特殊治疗的年轻退伍军人还有许多。

当然，社会并没有抛弃年轻人。我们有专门为该人群设立的住院治疗中心，如位于弗吉尼亚州温切斯特的新生活中心（New Lifestyles）；有旨在帮助年轻人解忧的网站；还有写给他们的书，如《在美国成长》（*Coming of Age in America*）；甚至还有专门的学会，如成年早期研究学会（Society for the Study of Emerging Adulthood），以及相关的专业学术期刊。

有关年轻成人的神经科学研究还处于婴儿期，我们不知道这个发展阶段是不是充分利用大脑发育进程的最后一个黄金期，不知道是否应该在年轻人学习能力下降前，催促他们找一份固定的熟练工作，还是应该让他们趁着还很有创造力的时候，尝试更多的可能性。美国国家精神卫生研究院的心理学家杰伊·吉德是青少年脑科学研究领域的先驱，他对记者说："一切尚无定论。"如果过去 10 年的神经科学研究告诉了我们什么，那就是"敬请期待"。

考虑到环保的因素，也为了节省纸张、降低图书定价，本书编辑制作了电子版的参考文献。

扫码查看本书全部参考文献内容。

后记

前方的路，让家长和孩子一起面对

如果你有一个十几岁大的孩子，那么每一天都可能变得十分漫长，但归根到底，孩子们还是要自己长大，自己学习各种知识，培养各种技能，最后慢慢成熟起来。你不可能为他们包办一切。青少年不是外星人，不是来自另一个星球的奇怪物种，他们只是处于一个关键发展阶段，只不过很多事情还没有协调同步。希望本书能帮助你理解这一点，而且你理解得越透彻，并能将其解释给孩子们听，你们在生活中就越可能避开各种麻烦。当然，前路不可能没有任何坎坷，你总会碰到抓狂的时候。所以，记住下面这几点很重要：

- 不要孩子们一犯错就暴跳如雷，要平心静气地帮助他们分析自己的错误，要把道理说透。
- 你的孩子可能会做傻事，而且声称不知道自己为什么会这样。请不要对此感到震惊。你现在已经知道，他们的额叶尚未发育成熟，你要将这一点解释给孩子听。要记住，即便是最聪明、最乖巧、最温顺的孩子有时也会做傻事。

- 有效沟通，提供支持。找出并认可孩子身上的闪光点，鼓励他们尝试不同的活动和思考方式。让孩子们确信，他们在遇到麻烦时能够获得你的建议。
- 善于使用社交工具和社交网络与孩子沟通。一些家长觉得，和子女最有效的“对话”方式就是互发短信。所以，如果你连短信也不会发，那么应该先请教一下孩子们。

希望本书能为你提供许多有用的信息，希望你能在恰当的时机，用这些信息与孩子们好好交流。正如我在本书开头所说的那样，青少年很看重信息，很在乎自己是谁。你可以用本书提供的事例帮助他们理解自己处于怎样一个特殊的发展阶段。

理想情况下，如果你和子女谈话时多引用数据和实例，他们就不太会故意和你对着干。孩子们非常善于学习，所以你要用可靠的信息、数据和事例来满足他们的求知欲，并让你的论点变得更有说服力。如果你只是一味地发脾气，而不把道理说透，那么孩子和你的关系只会变得更加疏离。在批评孩子不当行为的同时说明原因往往会取得很好的教育效果。此外，你还要考虑导致孩子犯错的其他各种环境因素。如果一个成绩优秀的孩子喜欢倒立着做作业，那不是什么问题，即便家长觉得这样怪怪的。但是，如果一个孩子成绩不佳，无论学习还是生活都一团糟，而且成绩不断下滑，那么家长就必须及时介入，帮助孩子找出问题的根源。虽然和儿时的天真无知相比，青少年看起来像是个小大人，但家长还是要在他们身上投入远超预期的时间和精力。身为家长，你必须搞清楚子女是否在乎自己的成绩。如果他们根本不在乎，那么问题就大了，因为你无法通过帮助他们改进学习方法来寻找出路，而必须搞清楚他们不在乎成绩的根本原因：孩子是不是想通过这种方式来体现自己的独立？如果是这样，他们为什么如此迫切地希望宣示自己的独立？他们在家庭或学校有没有碰到什么麻烦？孩子的好友是否也不在乎成绩，以至于为了被接纳，他只能这么做？孩子有没有滥用药物？孩子是否出现可能预示抑郁症或其他精神疾病的自尊问题？对于这些问题的回答不同，家长的行动方案也会不尽相同。

但是，如果孩子自己因为成绩不理想而感到沮丧，那么他们至少会比较愿意接受来自家长的建议。你可以让他们自己先好好想想学习的哪些环节可能出了问题。尽量让他们自己找出答案，这有助于培养他们独立解决问题的能力。如果孩子实在想不出，你可以提供一两个可行的方案。如果孩子听你的话，愿意尝试这些方案，那么你至少为未来各种问题的解决提供了一个良好的模板。在孩子克服困难的过程中，你要及时为他们提供一些小奖励，因为孩子的成绩不可能在一夜之间就变好，阶段性奖励有助于他们坚持不懈。

你要一直保持积极的态度，因为你要培养子女的独立自主，并帮助他们理解青春是多么美好的年华。你不该让他们感到窒息，而是要帮助他们以积极的方式来疏导能量。为了实现这一目标，你应该为孩子提供一个平静而有序的成长环境。如果你自己的生活不那么压力重重，不那么混乱，那么孩子们的生活也会变得更加有序。

你还要摸清青少年子女所面临的各种危险，知晓他们都在接触什么。因此，你要多体验他们的世界，要听他们喜欢的音乐，看他们喜欢的电视、电影，读他们喜欢的书。你不用成为孩子们一辈子最好的朋友，只需要明白他们的世界正在发生什么，这样就能更好地理解他们，为他们提供建议，划定界限。

归根到底，你是子女的第一个榜样，也是最重要的榜样。你的孩子一直在学你的样，即便他们自己可能没有意识到这一点。你如何打理自己的生活、应对各种挑战，孩子们都会看在眼里、记在心里，所以你应该以恰是康科德学院的前任教导主任帕蒂·黑格（Patty Hager），她所提出的许多问题直接促成了伊丽莎白·霍尔（Elizabeth Hall）论坛的相关讲座。因此我也要感谢她。此外，我的一些同事友情参与了“青少年头脑 101”系列讲座，他们是神经学副教授、波士顿儿童医院副主治医师戴维·于里翁博士以及塔夫茨大学神经心理学教授玛丽安娜·沃尔夫博士。我对他们的支持一并表示感谢。

最后还要感谢提议我写这本书的温迪·施特罗特曼（Wendy Strothman），以及为本书的出版倾注了智慧和心血的编辑克莱尔·瓦赫特尔（Claire Wachtel）。

译者后记

如果说人生是一出戏，那么青春期这一幕必定少不了惊心动魄、匪夷所思的剧情。有的孩子为了找刺激，专门做一些大人看了就会腿软的事情；有的孩子倒是不在外面闯祸，而是整天把自己关在屋里，沉溺于光怪陆离的虚拟世界；还有一些孩子交友不慎，迫于同龄人的压力，染上了吸烟、喝酒、乱性，甚至是吸毒的恶习，有的甚至走上犯罪的歧路；更多的孩子则是面临学业、生活上的各种压力，不知如何应对。家长和老师应该如何帮助他们度过这段充满了挑战和风险的岁月呢？

我和这本书倒是颇有缘分。年初，身居海外的一个小学同学联系我，托我帮她找一本有关如何教养青少年的好书。我挑来拣去，最终选中了这本书推荐给她。没想到，并不知情的季老师很快把这本书的翻译任务交给了我。我之所以推荐该书，原因主要有两点：书中所涉内容的科学依据非常过硬；书中鲜活的事例，以及操作性很强的建议比比皆是。作者提出了一些非常有趣的问题：如果孩子们晚上学一小时，他们的成绩能否提高？与成人相比，青

THE TEENAGE BRAIN: A Neuroscientist's Survival Guide to Raising Adolescents and Young Adults

Published by arrangement with HarperCollins Publishers.